南京社科学术文库

南京人才创新发展的
实践探索

王 飞◎著

中国社会科学出版社

图书在版编目（CIP）数据

南京人才创新发展的实践探索／王飞著．—北京：中国社会科学
出版社，2019.12
（南京社科学术文库）
ISBN 978 - 7 - 5203 - 5787 - 6

Ⅰ.①南…　Ⅱ.①王…　Ⅲ.①人才—发展战略—研究—南京
Ⅳ.①C964.2

中国版本图书馆 CIP 数据核字（2019）第 286338 号

出 版 人	赵剑英
责任编辑	孙　萍
责任校对	夏慧萍
责任印制	王　超

出　　　版	中国社会科学出版社
社　　　址	北京鼓楼西大街甲 158 号
邮　　　编	100720
网　　　址	http://www.csspw.cn
发 行 部	010 - 84083685
门 市 部	010 - 84029450
经　　　销	新华书店及其他书店

印　　　刷	北京君升印刷有限公司
装　　　订	廊坊市广阳区广增装订厂
版　　　次	2019 年 12 月第 1 版
印　　　次	2019 年 12 月第 1 次印刷

开　　　本	710 × 1000　1/16
印　　　张	9.5
字　　　数	141 千字
定　　　价	46.00 元

凡购买中国社会科学出版社图书,如有质量问题请与本社营销中心联系调换
电话:010 - 84083683

总　序

　　2017年的中国迎来了党的十九大，进入了全面建成小康社会的决胜阶段，开启了中国特色社会主义新时代。春江水暖鸭先知，社科腾跃正此时。2014年8月出台的《加快推进南京社科强市实施意见》，明确提出了要"更好地发挥哲学社会科学在南京创成率先大业、建设人文绿都、奋力走在苏南现代化建设示范区前列中的理论支持和思想引领作用"，标志着南京社会科学界正肩负起更加神圣而重大的资政育人历史使命，同时也迎来了南京社会科学学术繁荣、形象腾跃的大好季节。值此风生水起之际，南京市社科联、社科院及时推出"南京社科学术文库"，力图团结全市社科系统的专家学者，推出一批有地域风格和实践价值的理论精品学术力作，打造在全国有特色影响的城市社会科学研究品牌。

　　为了加强社会科学学科高地建设、提升理论引导和文化传承创新的能力，我们组织编纂了南京社科学术文库。习近平新时代中国特色社会主义思想，是对中国特色社会主义理论体系的丰富和发展，是马克思主义中国化的最新理论成果，是我国哲学社会科学的根本遵循，直接促进了哲学社会科学学科体系、学术观点、科研方法的创新，为建设中国特色、中国风格、中国气派的哲学社会科学指明了方向和路径。本套丛书的重要使命即在于围绕实践中国梦，通过有地域经验特色的理论体系构建和地方实践创新的理论提升，推出一批具有价值引导力、文化凝聚力、精神推动力的社科成果，努力攀登新的学术高峰。

　　为了激发学术活力打造城市理论创新成果的集成品牌、推广社科强市的品牌形象，我们组织编纂了本套文库。作为已正式纳入《加快推进南京社科强市实施意见》资助出版高质量的社科著作计划的本套丛书，旨在围绕高水平全面建成小康社会、高质量推进"强富美高"新南京建设的目标，坚持马克思主义指导地位，坚持百花齐放、百家争鸣的方针，创建具有南京地域特色的社会科学创新体系。在建设与南京城市地位和定位相匹配的国内一流的社科强市进程中，推出一批具有社会影响力和文化贡献力的理论精品，建成在全国有一定影响的哲学社会科学学术品牌，由此实现由社科资源大市向社科发展强市的转变。

为了加强社科理论人才队伍建设、培养出一批有全国知名度的地方社科名家，我们组织编纂了本套文库。本套丛书的定位和选题是以南京市社科联、社科院的中青年专家学者为主体，团结全市社科战线的专家学者，遴选有创新意义的选题和底蕴丰厚的成果，力争多出版经得起实践检验、岁月沉淀的学术力作。借助城市协同创新的大平台、多学科交融出新的大舞台，出思想、出成果、出人才，让城市新一代学人的成果集成化、品牌化地脱颖而出，从而实现社科学术成果库和城市学术人才库建设的同构双赢。

盛世筑梦，社科人理应承担价值引领的使命。在南京社科界和中国社会科学出版社的共同努力下，我们期待"南京社科学术文库"成为体现理论创新魅力、彰显人文古都潜力、展现社科强市实力的标志性成果。

叶南客

（作者系江苏省社科联副主席、创新型城市研究院首席专家）

2017 年 10 月

《南京社科学术文库》编委会

前　言

　　人才是我国宝贵的第一资源，既是生产力领域推动产业技术升级和创新驱动的必备重要资源，也是扩大消费市场推动经济稳定发展的主力军，与土地、资本等其他生产要素相比，人才资源已经引起各级政府部门、学术界和企业界的关注和重视。聚焦人才引进、培养、管理、使用、流动等环节进行了广泛而深入的研究，形成了系统的人才研究框架和完善的人才理论基石。本书以人才学、人才经济学、产业经济学、经济地理学等理论为指导，研究南京人才体制机制优化、人才规划制订及中期评估、技能人才发展、区域人才的跨界合作等主题，理论联系实际，重视田野调查研究并结合主题开展系统性的数据分析，探讨推动南京创新名城建设的智力支持路径。

　　南京人才体制机制改革不能停留在认为只要解决人才的引进、使用就是一蹴而就，而要认清人才队伍建设是一个涉及产业、技术、创新文化、市场和政府治理能力等众多要素的系统工程。南京人才制度改革要围绕长三角区域一体化发展、江苏自贸试验区和南京创新名城建设，着眼于破除束缚人才发展的思想观念和制度障碍，遵循人才成长规律和经济发展规律，优化人才政策和制度体系，尝试多元化人才引进和培养等路径，提升南京发展所需的人才增量，并采用系统性、协同化战略思维模式，优化中心城市人才发展治理体系，构建一个适应南京新时代经济发展需求、创新实力提升和具有全球竞争力的人才制度体系。

　　本书以南京市"十三五"人力资源和社会保障发展规划的中期评估为例，阐释了人才规划在区域经济发展中的引导作用。采用清华大学国情研究中心开发的五年规划（计划）的"规划蓝图—实施情况"一致性评估方法,对就业、人才、社会保障、公务员管理、工资人事制度、劳动关系等方面从规划目标、战略任务、重点项目等三个维度按照目标任务进行定量结合定性评估,全面客观地评述规划成效,指出规划实施中存在的不足,明确规划后期面临的新挑战、新机遇,为"十三五"人力资源和社会保障任务圆满完成提供有力的指导。

技能人才是人才队伍的重要组成部分,是各行各业产业大军的优秀代表。南京坚持把服务产业、服务就业作为技能人才队伍建设的出发点和落脚点,形成政府与市场功能互补的技能培训模式,加快建设高素质技能人才队伍。目前南京技能人才队伍建设存在矛盾和问题主要体现在:一是技能人才队伍建设需要调动企业的主观能动性,二是职业技能竞赛和技能岗位练兵比武活动有待进一步加强,三是民办职业培训机构的日常监管不到位。为此,需要转变观念、完善制度,切实在全社会形成尊重技能人才、重用技能人才,有利于技能人才成长的良好环境;优化载体、创建平台,为更好地培养大批技能人才保证充足的基地来源;创新举措、提高效能,全面提升技能人才队伍建设的质量水平;重视基础能力、队伍建设,为技能人才建设可持续发展提供有力保障。

长三角区域一体化发展上升为国家战略后,长三角三省一市签订了人才服务战略合作框架协议,重点在人才互认共享、社会保障互联互通、劳动关系和信访维稳联动协作四方面开始合作,并签订《长三角地区跨省异地就医门诊医疗费用直接结算试点合作协议》《促进长三角地区就业创业工作合作协议》等协议,进一步提升了合作深度和广度。本书选择南京和溧阳为区域人才合作的样本,重点阐释在人力资源和社会保障领域进行的跨界合作。溧阳缺少高精尖人才资源,南京拥有充足的人才资源,两地之间通过就业创业、人才建设、社会保障、公共服务等领域建立的集体学习、溢出共享和跨界合作机制,让人才资源在区域之间实现柔性引才、顺畅流动,提高人才资源的使用效率,为宁溧两地产业升级、技术创新和经济转型提供服务保障。

人才是经济发展中的关键要素,是城市发展中的核心成员,是区域创新升级的智力支持，是学术界研究的重点和热点。本书研究着眼于南京，结合南京经济和创新实际工作，理论研究的深度需要进一步加强，不足之处，请大家批评指正。

于成贤街丹桂飘香时

2019 年 10 月

目　录

第一章

优化南京人才体制机制的实践探索

步入长三角高质量一体化建设时期，南京迎来了经济发展的重要战略机遇。人才作为南京城市发展的第一资源和核心驱动力，对加快转变经济发展方式、调整优化经济结构和建设创新型城市具有重要意义。

南京应依据人才学、发展经济学、创新经济学和产业经济学等理论，从南京市情出发，以谋求人才制度建设的整体性和综合性为突破口和切入点，遵循人才与产业、知识、文化、环境等要素相互联系、相互作用的多螺旋协同理念，从系统性谋划、加强市场主导、优化人才治理体系和创建一流人才生态系统等方面探索改革措施，形成一个适应南京"121"发展战略、"两落地、一融合"工程并具有全球竞争力的人才制度体系。

第一节 人才体制机制创新的宏观基础

一 高质量发展对人才制度的影响与促进

不同的经济发展阶段对人才有着不同的需求，而人才供给决定着发展的水平和质量。改革开放后，中国维持了长达近 40 年的高速增长，这一增长阶段对人才的需求主要是以劳动力的数量增长为主，从农村涌入城市的初级劳动者满足了"代工型"制造业的基本需求，激发了人口红利的产生。而党的十九大报告指出中国经济发展阶段由高增长发展阶段转向高质量发展阶段，要着力加快建设实体经济、科技创新、现代金融、人力资源协同发展的产业体系。高质量发展已成为新时代发展的鲜明特征和根本要求，这意味着人才队伍和人才制度建设也必须实现相应的理念更新和机制变革，以更高效率和更高质量的供给，为高质量发展提供高质量的人才队伍支撑。另外，伴随着我国人口老龄化趋势日益严重，人口红利正在逐渐消失，需要激发人才红利以推动经济增长。一是以"创新"理念作为人才建设的核心引领，建设知识型、技能型、创新型劳动者大军，培养造就一大批具有国际水平的战略科技人才、科技领军人才、青年科技人才和高水平创新团队，重视增强科技创新和人力资本提升的"乘数效应"，提升投入产出效率和全要素生产率，摆脱传统的"要素驱动"，实施以人才资源为核心的"创新驱动"战略，推动经济转向高质量发展。二是为实体经济提供人才资源的坚实支撑。实体经济是维持区域社会稳定和推动消费水平提升的重要基石，人才是促进实体经济发展的最核心的要素。通过将人力资源与实体经济、科技创新、现代金融等结合起来统筹考虑，培育人力资本服务、评估等新增长点，不仅将增强经济创新力和增长可持续性，而且将为经济新业态和企业转型升级创造新机会，为区域经济发展注入新动力。三是优化人力资本结构，使之更好地与产业结构升级相匹配。比如及时调整和改革学校的专业设置，对长期就业不佳、学生又没有兴趣的专业应及时撤销；同时引导各类培训机构了解企业和社会对人才的需求类型，进行有针对性的教育培训，不断提升人才结构与产业结构的匹配度。大力培养高端研发人才、新经济领军人才、文化创意人才、国际化复合型人才、优秀企业管理人才等创新型经济发展需要的高层次人才。

二 优质的营商生态环境有利于集聚人才

不同经济发展阶段对于劳动力的需求与标准是不一样的，必然要与时代变迁、技术进步与产业替代升级等相适应。改革开放以来，我国区域经济发展从"富起来"进入"强起来"阶段，相应的劳动力的分布与流动，从上一轮以农民工为主体的"一江春水向东流""孔雀东南飞"即从中西部地区涌向东部沿海区域的人口大规模移动初期阶段，转变为近期的人才争夺战。探究从人口争夺到人才争夺的转变原因，有学者认为是我国已进入人口老龄化时期，2015 年开始我国人口红利日益缩小，亟须将人口红利转向人才红利，人才对城市发展的重要性日益凸显。与此同时软件业、电商平台、生物医药等战略性产业或经济新业态的兴起对人口的质量要求胜过数量的堆砌，尤其是大城市的经济转型升级、创新驱动发展战略更需要高层次人才和高技能人才的支撑，因此，人才在各个区域加速流动和"回流"互动将是新时代城市发展面临的新趋势。

纵观各地出台的"揽才新政"，政府均着眼于宽松落户、就业创业激励、优惠住房政策、现金补助等"政策红包"。这些政策在一定程度上加速了人才的集聚，以武汉为例，2018 年一季度，近 10 万大中院校毕业生留汉创业，落户 3.9 万人。但这些政策过于同质化，容易复制，过度竞争容易造成人才资源的浪费，也会增加地方财政负担，也可能造成潜在的人才回流。因此，需要认清人才争夺、博弈的本质，人才不是靠抢来的，而是引来的，更需要靠一个良好的营商环境留住人才。通过改善投资和市场环境，降低市场运行成本，营造稳定公平透明、可预期的营商环境，打造高品质服务环境，让高层次人才和创新团队不仅"引得进"，更能"留得住"。

三 人才全球化带来的机遇与挑战

全球化的发展加速了跨越国界和地域的人的流动，人文、社会、文化的相互依存成为全球化的显著特征，不仅表现在出入境旅游、留学、创业等方面，还表现在全球人才竞争的日益激烈，与此同时，国际移民也因发达国家的"逆全球化"潮流而出现新趋势。2018 年 4 月，国家移民管理局挂牌成立，成为我国推动人才全球化发展的新标志。

人才全球化具有三个明显趋势：一是人才流动全球化。全球经济增长多元化发展驱动形成"人才环流"，人才流动不再是简单的单向流动，而是人才"走出去""引进来"的多重流动。伴随这一趋势出现的是人才流动虚拟化比重加大，人才从地理空间转向虚拟空间，工作的模式多变。典型的就是现在国际用工形势发生了由"朝九晚五制"转向"灵活用工"的变化。二是人才竞争全球化。国与国的竞争归根结底是人才的竞争，特别是一些高精尖缺人才导致了全球各优秀公司之间的竞争，实际上是中国企业和全球领先公司的竞争。三是人力资源服务全球化。人才流动、人才竞争全球化背后，人力资源服务全球化发挥了重要支撑作用。

南京人才制度的改革和创新秉承人才全球化理念以开放包容姿态主动融入全球生产网络和全球创新网络，借鉴发达国家引进、使用、管理人才的先进理念和制度体系，提升南京的全球人才磁场效应，充分发挥海内外人才在建设创新名城的作用。

第二节　人才体制机制改革的有益探索

近年来，南京在创新人才体制机制方面做了积极有效的探索，取得了阶段性成效，在扩大人才规模、培育战略性新兴产业和人才制度创新等方面有所突破，极大地推动了城市科技创新能力提升、科技成果就地转化和经济转型发展。

一　构建"1 + 10 + X"最优人才政策体系

在全球化背景下的知识经济时代，创新已然成为国家竞争力的核心要素，也是经济发展的不竭动力。南京市正处于建设"打造综合性科学中心和科技产业创新中心"和"创新名城建设"的重要阶段，人才的发展将起到至关重要的作用，而人才作用的发挥取决于其体制机制的完善和优化。近年来，南京强调人力资本对经济发展的重要性，围绕城市创新能力提升，每年都会出台关于引进人才、激发人才创造力的政策和措施，并逐年进行优化和改善，增强南京城市吸引人才的竞争力。

2018年，南京市出台了《关于建设具有全球影响力创新名城的若干政策措施》，政策目标非常明确：培育和集聚一批名校名所名企名家名园区，打造综合性科学中心和科技产业创新中心，构建一流创新生态体系。为建设具有全球影响力的创新名城，南京市发改委、科委、人力资源和社会保障局、住建局等部门针对十条分别制定了相应的配套政策，形成了吸引人才、促进创新的政策体系（见表1—1）。

表1—1　　南京市《关于建设具有全球影响力创新名城的
若干政策措施》及其配套文件

序号	十项措施	配套文件
1	强化战略科技引领	南京市重大科技创新平台专项实施办法（试行）
		南京市关于支持在宁单位参与国际大科学计划或大科学工程的实施细则（试行）
		南京市科技重大专项实施办法（试行）
2	支持名校名所与名城融合发展	南京市支持研发机构开放创新实施细则（试行）
3	推动科技成果和新型研发机构落地	南京市关于新型研发机构的备案管理办法（试行）
		南京市关于连锁经营科技服务企业办理工商登记便利化的实施办法（试行）
		南京市支持省技术产权交易市场在宁设立分中心奖励实施细则（试行）
		南京市科技成果转移转化收入经济贡献奖励实施办法（试行）
		南京市促进科技成果交易奖励实施细则（试行）
4	大力发展创新型产业集群	南京市对省级以上产业（技术）创新中心的奖补实施细则（试行）
		南京市公共技术服务平台绩效考评实施办法（试行）
		南京市关于对标志性重大项目、关键核心技术等进行"一事一议"激励的实施办法（试行）
5	着力培育创新型领军企业	南京市创新企业培育实施办法（试行）
		南京市初创期科技企业经济发展贡献奖励实施细则（试行）
		南京市高新技术企业培育奖励实施细则（试行）
		南京市关于对瞪羚企业、独角兽企业、拟上市企业等进行"一企一策"激励的实施办法（试行）
		南京市支持研发服务企业发展实施细则（试行）
		南京市关于支持企业牵头组建国家级产业技术创新战略联盟奖励实施细则（试行）
		南京市企业研发机构绩效考评实施办法（试行）
		南京市支持创新产品推广示范实施办法（试行）

序号	十项措施	配套文件
6	全力建设一流科技产业园区	南京市高新区（园）创新驱动发展综合评价实施办法（试行）
		南京市关于对省级众创社区给予资助的实施办法（试行）
		南京市科技创新创业载体绩效评价实施办法（试行）
		南京市科创实验室建设管理办法（试行）
7	加快形成创新创业空间新格局	南京市关于创新名城建设土地保障政策实施办法（试行）
		南京市创新名城建设规划管理实施办法（试行）
8	努力打造国际化创新创业人才高地	南京市关于优化升级"创业南京"英才计划实施细则
		南京市青年大学生"宁聚计划"实施办法（试行）
		南京市科技产业高层次人才经济贡献奖励实施办法（试行）
		南京市中青年拔尖人才选拔培养实施办法（试行）
		南京市"345"海外高层次人才引进计划实施细则（试行）
		南京市高层次人才举荐办法（试行）
		南京市关于进一步加强博士后工作的实施办法（试行）
		南京市关于大学本科及以上学历人才和技术技能人才来宁落户的实施办法（试行）
		关于深化人才发展体制机制改革打造国际化创新创业人才高地的若干政策意见
		南京市高层次人才购买商品住房服务工作办法（试行）
		南京市人才安居住房建设管理实施办法
		市政府关于进一步加强人才安居工作的实施意见
9	健全科技金融服务和财政支持体系	南京市关于扶持股权投资机构发展促进科技创新创业的实施细则（试行）
		南京市国有创投企业创新管理实施办法（试行）
10	营造开放包容的优良环境	南京市关于加快推进教育国际化实施办法（试行）
		南京市国际社区建设规划（2018—2025年）
		南京市人才健康服务保障实施办法（试行）
		南京市关于激励举办国际创新创业活动的实施办法（试行）
		南京市企业研发费用税前加计扣除实施办法（试行）
		南京市关于对科技创新类国际组织在宁设立总部、分支机构奖励的实施细则（试行）
		南京市关于高水平建设国家知识产权强市的实施办法（试行）
		南京市科学技术创新奖实施办法（试行）
		南京市加强信用管理与信息应用促进创新名城建设工作实施办法（试行）

与往年的人才政策相比较，2018 年的人才政策特色鲜明。第一，围绕创新名城建设，推出了一系列与创新、人才、科技等相关联的配套文件，政策数量之多，政策协同度之高，均呈现历史最高水平。此次"1+10+X"政策体系的目标非常明确，旨在引进南京各行各业紧缺人才、提升产业创新能力、增强南京城市综合竞争力，为此提出加大财政投入、给予差异化资助、加大放管服力度等措施。第二，若将"人才十条"政策工具分为供给型政策工具、需求型政策工具和环境型政策工具，三者之间协同差异较大，其中供给型最优①。第三，"人才十条"内容丰富，涵盖了与人才供给侧和需求侧紧密关联的方方面面，需要发改委、科委、人力资源和社会保障局、住建局等多个部门的协调配合，表 1—1 中所列 49 个配套政策说明了政策部门条块协同能力逐步加强。第四，在人才评价机制、财政资助额度等方面有了创新和突破。比如非共识性人才的评价机制创新，由来自各领域的 26 名领军人才担任首届高层次人才举荐委员会委员，坚持人才由市场评价、定价，在多元识才、破格用才等方面进行积极探索，对被举荐人才的年龄、资历等一律不作要求，举荐后直接获得相应人才认定和政策支持，让更多专才、偏才和"新秀人才"得益受惠、脱颖而出、用当其时。对年收入 50 万元以上的高层次人才实施奖补；针对小微科企初创压力，政策允许 3 年内所做贡献全部奖励返还企业，并在加计扣除基础上再给予中小科企研发

---

①　供给型政策主要体现为人才政策对人才事业的推动力，具体指的是政府为增加人才的供给、推进人才事业的有序发展，利用各种要素、采用各种手段给予帮助。基于政府使用的不同推动方法，对供给型政策工具进行细分，涵盖了人才培养、人才基础设施建设、人才资金投入与公共服务四类具体措施。需求型政策工具，主要体现为人才政策对人才事业发展的拉动力，具体指的是政府为了促进人才市场的有序运作、实现人才市场各方面的全面高水平发展，采用人才管制、海外人才机构的设立等方式来予以支持。基于政府使用的不同拉动方式，对需求型政策工具进行细分，涵盖了人才引进、产学研合作、海外人才机构、人才管制四类具体措施。环境型政策工具，主要体现为人才政策对人才事业发展的影响力，具体指的是政府为了营造良好的人才队伍成长环境、实现人才的自我价值及其可持续发展，采用知识产权、金融税收等一系列方式予以支持。基于政府使用的不同影响方式，对环境型政策工具进行细分，涵盖了税收金融、知识产权、法规管制、策略性措施四类具体措施。

投入 10% 的奖励。这 3 条均为国内首创，瞄准人才结构金字塔尖，让用人主体降低引才成本，增进留才黏性，更具创新发展竞争力。

二　形成人才与产业耦合机制扩大经济效应

南京人才政策的制定和人才制度的完善始终坚持人才与产业融合发展的原则，明确人才培养的目标是为地方产业和经济服务，人才创新力和创造力发挥需要依托产业载体。据南京市统计局对近五年南京创新发展与经济发展耦合度指数的数据分析，从 2015 年到 2018 年数值均大于 0.9，从耦合度类型看，处于高水平耦合阶段。除 2015 年略有下降，耦合度整体呈递增趋势，并接近于完全耦合，即创新与经济相互作用和依赖的程度越来越强，表现为良性有序发展。① 人才政策的设计和制定遵循产业结构演变规律和人才成长规律，大力促进人才与产业融合发展机制的高效运转，培育科技型中小企业、高新技术企业、瞪羚企业、科技型上市企业和创新型领军企业，构建以创新为主要引领和支撑的现代化产业体系，夯实名城建设主体力量，促进经济增长。2018 年上半年，南京完成地区生产总值 6201.08 亿元，同比增长 8%，增幅位列全省第一。

在创新驱动战略的引领下，南京市科技型企业增长迅速，企业数量增多。据统计，2018 年上半年，新增科技型企业 1.3 万家，同比增长 31%。其中，注册资本亿元以上科技型企业有 46 家；已拥有独角兽企业 3 家，瞪羚企业 25 家，目前在培独角兽企业、在培瞪羚企业分别为 16 家和 43 家；一大批科技型企业纷纷借助资本市场走上快速成长的通道，发展势头良好，新增科技型上市企业 4 家，科技型企业上市数已达 70 家，占全部上市企业的近 70%。

提高产业集聚度，打造高端产业集群。按照"一区多园"发展思路，目前在南京全域内分散布局的 83 个科技园区已整合为 15 个高新园区。2018 年上半年，南京高新园区实现工业高新技术产业产值 2403.72

---

① 《南京创新发展与经济发展耦合度分析》，南京市统计局网站，2019 年 9 月 3 日。

亿元，同比增长 15.1%。高技术服务业营业收入 757.36 亿元，同比增长 21.6%。园区企业投入研发共计 117.78 亿元，发明专利申请数达 9625 件。

高新技术投资增速加快，产值继续保持增长。发展高新技术产业，是创新名城建设的重要组成部分，更是衡量创新名城建设的一项重要指标。从投资看，南京完成高新技术制造业投资 333.44 亿元，同比增长 11%。高新技术制造业投资占工业投资的比重达 55.3%，较去年同期提升了 7.1 个百分点。其中总投资亿元以上项目完成投资 287.46 亿元，同比增长 11.5%，占全部投资的比重达 86.2%。在归属高新技术产业的八个行业中，投资总量位列前三位的电子及通信设备制造业完成 142.50 亿元，同比增长 31.9%；智能装备制造业完成 78.88 亿元，增长 34.8%；医药制造业完成 42.58 亿元，增长 17.8%。从规模看，南京规模以上制造业高新技术产业产值 2664.56 亿元，同比增长 14.7%。其中，产值居首位的是新材料制造业，产值达 974.02 亿元，增幅达 24.7%。另外，高技术服务业发展也保持了较高的增长态势，完成高技术服务业营业收入 1074.96 亿元，同比增长 19.7%。其中，信息服务业营业收入最高，为 747.46 亿元，同比增长 22.6%。

三　"两落地"工程促进南京创新能力提档升级

新一轮人才政策体现了人才引导产业发展的思路，一号文第三条提出的"推动科技成果和新型研发机构落地"充分体现了南京已意识到加强微笑曲线研发设计环节的重要性和紧迫性，通过运用地方行政力量加大研发投入、促进南京高校及科研院所的科技成果的本地转化率、建设研发机构等手段，做强南京市产业链在研究开发和产品设计环节的生产力和竞争力，提高产品的附加价值，促进南京产业创新力提升，增强南京企业的创新竞争力（见图1—1）。经过半年建设，目前南京市"两落地"工程已取得初步成效。

截至 2018 年年底，南京实际在建新型研发机构达 208 家，实际完

找问题也应放眼于人才建设相关的方方面面。只有找准制约人才发展体制机制的障碍和问题，才能激发人才创新活力，增强产业竞争力，提升南京城市创新力，提高南京城市首位度。

一　人才难引更难留的困境及其制度成因

梳理南京市近几年关于人才队伍建设的引导性政策工具，每年都会出台新的人才政策，从以往的单一人才引进政策，到目前已升级为多元化、系统性的人才政策体系。但是人才政策的重点和关键点都没有变化，目的都是引进人才，引进的人才层次越来越高，给予的资金资助也是日益增加，从统计结果看，人才引进的数量和规模效果显著。"创业南京英才计划"实施以来，南京市外国专家局组织第三方评估机构对2016 年 185 位市级计划入选者落地企业经营情况开展了年度监测，结果显示有以下几方面的成效。

第一，高层次人才集聚效应显著。在入选的市级高层次创业人才中，4 成以上具有海归背景，体现较高国际化程度；1/3 具有高校院所从业背景，较好体现了"校地融合发展"；42% 入选人才具有副高及以上职称，40 岁以下人员占60%，创业队伍较为年轻化、专业技能较高。从结构上看，这些创业项目集中分布在新一代信息技术、节能环保、现代服务业等新兴产业领域，契合南京"4 + 4 + 1"战略性新兴产业发展方向。24 名入选人才入选了江苏省双创人才、双创博士、江苏省乡土人才"三带"新秀、"333 高层次人才培养工程"、"六大人才高峰"、国防科技卓越青年人才基金等。

第二，企业高成长性特质凸显。在市级入选人才创办的 185 家企业中，注册资本总额超过 8 亿元，其中超过 1000 万元以上的有 17 家；资产总规模约为 7.6 亿元，其中超过 1000 万元以上的有 20 家；就业人数达到2300 人以上，参加社保人数超过 1500 人，其中缴纳社保人数超过20 人的有 19 家；企业主营业务收入为 2.12 亿元；上缴各类税收 867.6万元；吸引社会资本总投资超出 2 亿元。

第三，研发积累和创新成果不断涌现。185 家市级高层次创业人才引进计划企业，申请发明专利 226 件，授权发明专利 30 件，授权实用新型专利 24 件，获得软件著作权 379 件。通过各类质量体系认证、软件产品认证、强制性产品认证等累计 53 项。

从 2018 年起，以市属高校、科研院所、卫生系统，以及在宁企业为引才主体，用 5 年时间，引进 30 名南京产业发展和教科文卫建设的"急需紧缺"外国专家、集聚 40 个以外国人才团队为主的一流创新团队，挂牌建设 50 个"海外专家工作室"，给予用人单位最高 500 万元的项目资助。同时"345 计划"引进的海外高层次人才，还可享受人才安居、居留与出入境、医疗保障、子女入学等方面的配套服务。

鼓励留学人员带回国外先进技术、研发、管理经验，参与南京经济建设，用 5 年时间，择优资助 1000 名在南京从事科技创新的高层次留学人员，带动 10000 名留学人才来宁就业。对留学回国人员在南京的创新活动，经认定，择优给予用人单位最高 10 万元的一次性资助，用于项目的研发。入选的留学人员还可享受住房保障、生活服务、出入境便利等待遇。

为外籍应届高校毕业生在南京就业创业提供便利。对其中符合条件且拟在南京自主创业的，可放宽至本科学位；40 岁以下优秀外籍博士后来宁入站科研或出站后来宁工作的，符合条件的，可纳入外国人来华工作许可（A 类）办理范围。2018 年 4 月 28 日，南京出台《关于优秀外籍高校毕业生来宁就业创业办理工作许可的通知》（宁人社函 [2018] 59 号），正式启动了优秀外籍高校毕业生办理工作许可的工作。

上述三点是为引进高层次创业人才、留学人员回国创业和外籍优秀毕业生来宁创新创业提供的优惠性人才政策措施，由此可见，南京人才体制机制运行的重点在于引进人才，当然，引进的人才确实带动了南京的经济发展，取得了较好的经济效益。但是，一个城市的发展，仅仅依赖通过政策来吸引人才是不够的，从规模上就可以看出，引进人才数量与南京市常住人口数 833.5 万、南京市专业技术人员数 139.5 万、高技能人才总量 39.85 万相比，占比太小。因此，笔者认为，目前的人才政策，需要在以下几个方面加以完善。

第一，从引进人才的视野看，人才引进的体制机制是一个系统工程，涵盖人才引进制度、人才评价制度、人才监督跟踪制度和人才淘汰机制，四个环节自成体系、联系紧密，形成一条完整的政策链条。针对南京目前人才难引更难留的困境，课题组认为今后应完善评价机制和跟踪、淘汰机制，并加强后面三个环节的制度建设，构建一个科学合理、长效运营的人才建设制度。

第二，南京"4+4+1"现代化产业体系和潜在的新兴产业发展急需的人才具有多样化、多层次等特点，不仅需要诺贝尔奖获得者、领军人才等高层次人才，也需要从事产品生产和制造的高技能人才，鉴于此，人才政策除了考虑引进人才，还需要探索人才本地化的培养机制，坚持两条腿走路，一是引进海内外高端人才，二是着眼于本地，利用南京丰富的科教资源培养产业结构升级、企业需要的人才。同时探索建立一个长效机制，通过人才发展环境建设、营商环境的优化，留住人才。从战略视角来看，人才竞争的最终目标是促进经济社会高质量发展，此目标的实现取决于人才是否能有效地转化为生产力，进一步来讲，是人才的流量和存量共同作用的结果。这就意味着人才竞争不仅包括"引才"竞争，还包括"育才""用才"和"留才"竞争，是人才工作综合实力的竞争。引才工作是人才总量增加的首要源头，育才工作是人才质量提升的重要手段，用才工作是使人才充分发挥效能的指挥棒，留才工作是维持人才资源存量的关键。

第三，人才政策对一般的中小企业特别是初创期的企业以及优秀中端人才和优秀高技能人才等政策优惠明显不足，而把政策过分集中在"高大上"的企业和人才上面。区级层面忙于执行市级政策而出台优惠措施，甚至把人才引进作为形象工程，而对人才使用、管理及评价等方面则选择性忽略。

二　人才政策类比其他城市呈现同质化特征

区域人才竞争日益激烈，大都市人才争夺战持续火热，各大城市都想方设法设计新一轮政策措施来引进人才，沿海发达地区各个城市之间的人才政策竞争尤其激烈，通过拼财力、给资源、比环境等各种手段谋求增加地方的人才增量，促进本地的创新力提升。各地的人才政策和措施释放出强烈的爱才惜才信号，更凸显出人才在新一轮改革发展"棋局"中的重要性。2018年3月，上海发布《上海加快实施人才高峰工程行动方案》，"量身定制、一人一策""实施高峰人才全权负责制"等政策引人注目；北京发布《关于优化人才服务促进科技创新推动高精尖产业发展的若干措施》，在人才的引进、评价、激励等方面打出"组合拳"；武汉发布《关于大学毕业生租赁房相关政策的解读》，提出毕业3年内的大学生，拥有武汉市户籍且家庭在武汉无自有住房的，均可申请租赁大学毕业生租赁房，并确保低于市场价20%，如属于合租的可低于市场价30%。广州、宁波、海口、郑州、西安、南京、成都等地近期也纷纷放出引进人才大招。广州提出进一步修订落户政策，构建以"引进人才入户为主体，积分制入户和政策性入户为有效补充"的落户政策体系，大力吸引高校毕业生、技术工人、职业院校毕业生和留学归国人员等高层次人才、技能人才、创新创业人才、产业急需人才。宁波大幅降低人才落户门槛。海口在企业和人员落户、人才激励、住房保障等方面出台政策，开展高层次人才、紧缺人才引进计划，开通高校青年引才直通车。

分析北上广深以及其他省会城市借助引进区域外部人才资源的聚才路径，短期内显示出城市人才资源总量的迅速扩大，这确实有助于提升人才工作成效，但从长远看，仅仅强调"引才"工作并不意味着能够全面提升城市的人才核心竞争力。各大区域的人才政策差异性不大，为吸引人才落户采取了提供资金、提供资源和奖励免税等方法，从本质看，主要是拼区域比较优惠政策，尽管考虑了本地产业发展、城市转型和创新力提升等因素，却忽视了本地文化特质和地域特征的差异性，导致各地人才政策措施比拼赶进度，同质竞争问题突出。南京人才政策类比兄弟城市，虽然已形成了一个相对完整的结构体系，但相对优势并不突出，在人才引进上偏向高质量、高层次人才的引进；而代表世界科技一流水平、具有上下游产业带动作用的产业项目团队和经营、管理、投资类高端人才以及世界级技能大师等高技能人才由于仅仅依靠政策红利、人才引进的其他要素而不具备竞争优势，因此导致人才引进难度大、成本高，引进的数量和规模均无法满足南京本地企业和经济发展的人才需求。

三　部门间协调存在的阻力及其成因

南京市"1+10+X"人才政策体系共有约50个人才配套政策，涉及市科委、市工商局、市发改委、市人力资源和社会保障局、市住建局以及15个高新园区、各区市场监督管理局、行政审批局等多个部门。人才的引进工作需要在不同政府部门协调、合作加以落实和执行。从人才政策的落实情况看，由于不同部门的职能差异、行政审批手续在各个部门之间传递所耗费的时间以及某些部门之间客观存在的时空差异等多种复杂因素导致了部门之间存在协调难的问题。

首先，从主观上看，有些部门之间的协调呈现出随意性特征。一是某些部门的权威性不自觉地代替了部门间平等协商，经协商后，不采纳有关部门的科学合理的意见，私自决定最终结果，损害了部门参与协调的积极性，也影响了决策的贯彻执行，人为导致政策无法落实，执行不到位。二是协调的时效性不够。某些政府部门的公务员办事过于迂腐，一味地按部就班，不知变通，办事拖拉，直接影响着协调工作的正常开展。三是人才配套政策出台的同时缺乏一个良好的协调机制，容易造成人才引进办理手续时相关部门和人员步调不一致，大大降低了人才政策的执行力。

其次，从客观上看，缺乏对协调的监督与追责。由于没有制定相应的协调监督与追责制度，导致有些部门普遍没有主动牵头或缺乏参与协调的积极性，出现应该协调而没有协调、协调迁延多时、协调达成的决议没能有效实施、协调没有达到预期的目标等问题。由于没有监督机制，就谈不上追究相关部门或人员的责任，强化了协调的随意性①。

第四节　构建具有全球竞争力的人才
体制机制的对策与建议

南京人才体制机制已具有良好的制度基础，下一步南京人才制度改革要围绕创新名城建设，着眼于破除束缚人才发展的思想观念和体制机制障碍，遵循人才成长规律和经济发展规律，优化人才政策和制度体系，尝试多种人才引进和培养等路径，聚天下英才而用之，扩大南京所需的人才增量，并运用整体性、协同性战略思维模式，从优化中心城市人才发展治理体系等方面提出改革措施，为构建一个适应南京新时代经济发展需求、创新实力提升和具有全球竞争力的人才制度体系提出具体的思路和办法。

一　遵循客观规律，优化人才政策体系

遵循经济发展和人才成长的客观规律，设计一个超前意识、供需匹配、科学合理、长效运营的人才建设制度，为南京产业部门的更替升级和经济结构的优化提供高质量的人才供给，确保城市有序运转、经济社会可持续发展。

首先，不仅基于人才与产业、经济的和谐关系来考量、完善、优化南京的人才体制机制，还应深入全球人才竞争格局明辨全球各大城市人才引进政策正处于不断调控且优化状态、当下人才引进已进入国际化比

---

① 徐超华：《政府部门间协调机制问题研究》，《四川教育学院学报》2009 年第 11 期。

拼阶段的紧逼态势，南京人才体制机制的调整应在全球产业更替速度加快的背景下，有意识地超前引导、强化域外引进人才的本地根植性、加大本地人才的培养力度和人才结构调整与产业演化的有效匹配，避免出现人才供应链断裂困境，实现人才供给和人才需求之间的有效对接，解决企业的用工难问题，促进南京经济发展。

其次，南京人才发展体制机制的改革具备良好的内在条件，未来人才制度的建设应基于南京科教禀赋优越、人才后备资源充裕、交通区位优势等内在条件，做好国内外同类型城市的人才政策的分析和整理，并了解全球新兴产业的类型和转移方向，做到人才制度的建设并不仅仅是人才的引进、培养和管理，还要与全球产业结构升级和产业空间格局的演化紧密结合在一起，从而制定出科学合理、长效运营的人才政策和制度，彻底解决人才难引更难留的困境。

二 借助多种路径，扩大人才增量

从长远看，南京人才数量的增加和质量的提高，仅仅依赖于人才引进的途径并不能彻底解决人才短缺的难题，而是要根据人才成长规律和经济发展规律，依托南京丰富的科教资源优势和区位优势，通过厚植激发人才创新的文化氛围、构建人才本地化培训体系等多种途径，不仅让从外部引进的人才长期居住在南京，更让产业人才、营销人才和研发人才等各类人才通过本地培训或培养的方法提升专业素质和人文素养，通过城市人才的内在自我提升实现南京人才存量的增加，用较低的成本加大人才供给。

高校毕业生是南京制造业和服务业发展的重要后续力量。南京拥有53所普通高校，12所高校具有"双一流"建设学科，在校大学生和研究生共83万人，每年毕业大学生人数约25万，在数量上为南京提供了充足的人才供给量，但是由于劳动力需求层次与劳动力素质之间存在客观的结构性矛盾，南京本地毕业生无法满足企业的人才需求。2018年，南京利用政策红利吸引全国高校毕业生来宁创新创业，在短期内具有一定的成效。但是让高校毕业生留在南京创新创业的拉力，不能只停留在给予资金补助的层面上，而是应考虑大学生自身成长和创业发展的根本需要，比如相对稳定的就业岗位、充足的就业机会、激励创新宽容失败的创业氛围、高质量的生活环境，这些吸引大学生长期居住的城市发展环境是要靠南京文化、经济、社会在长期发展中慢慢积累而形成，需要南京市所有市民的共同努力和创造，厚植多元融合的、具有绝对竞争优势的和鲜明特色的创新创业文化，吸引年轻人留在南京，推动创新名城建设。

技能人才是南京产业转型升级发展的重要支撑，但是南京技能人才规模在省内不具备绝对优势，需要加强本地化培养，完善技能人才本地化培训体系。一是推动职业技能立法。在江苏省高考制度不断调整的背景下，南京技能人才的招生和培养面临生源紧缺和管理混乱等问题，目前的政策制度已经无法满足技能人才发展的客观现实。根据南京市技能人才队伍建设的实际情况，并借鉴宁波市和河南省等地在地方立法取得的成功经验，建议南京尽快启动职业技能培训立法工作，使得大量职业技能培训政策有法律作为其依据和支撑，促进技能人才的本地培养，解决南京先进制造业的人才需求和更替需求。二是建立技能人才动态统计系统。主要是解决目前技能人才行业和职业（工种）分布、企业实际需求等关键数据无法准确及时获得的问题，切实提高技能人才培养与产业发展需求的匹配度。三是提高企业培养技能人才的主动性和积极性。企业是培养技能人才的主体，但目前在南京每年新增的高技能人才中，企业培养的只占20%左右，其中中小企业更加微乎其微。建议通过按培养人数直接奖励企业，或是按高技能人才占比为企业减免税费的方式，促进企业自觉抓好职工技能培训工作。四是促进规范高效的产教融合。一方面，要通过校企合作办学、招收定向班等形式，增强技工院校培养人才与行业、企业需求的紧密程度；另一方面，在南京推行企业新型学徒制，培养一批掌握系统性理论知识的技能人才。

三　重视协同性，建设人才发展治理体系

强调多螺旋协同模式和理论在人才管理和治理领域的应用，将人才建设工作与经济建设、创新文化培育、技能人才培养等统筹考虑，不仅重视人才的引进，还应重视人才的培养和管理工作，一方面让引进的人才能留下来，另一方面在南京本地人才中培养出世界级技能大师、科技领军人才和高水平创新团队。

首先，南京人才发展治理体系要有整体性思维①。不仅仅着眼于人才培养、引进、使用、管理等环节，更应密切联系人才施展才华的产业载体、人才成长的培养体系、人才身心愉悦的发展环境、人才反哺社会的文化精神等发展要素，注重引进人才的监督跟踪制度和人才淘汰机制，站在全局高度进行谋划，将人才纳入协调推进南京社会经济发展战略布局中进行谋划，放到"强富美高"新南京发展战略中谋划，放到创新名城和创新型城市体系建设中谋划，从而为创新驱动发展提供人才和智力支撑。

其次，南京人才发展治理体系要有协同思维。从人才成长的规律看，人才的培养、引进、使用、管理和评价等环节涉及多个行政部门，需要高校在人才设置时考虑企业或社会对人才的需求，人才的引进涉及不同区域之间的人才格局的变化以及人才流出地和输入地的行政审批机构之间的协调，因此人才的发展体系需要协调思维，加强人才上下游环节之间的交流、沟通，才能为社会提供供需匹配的人力资源。从人才的社会治理体系看，涉及人才的引进、使用、管理、监督和考核等环节，涉及众多行政部门之间的协调，任一环节出现问题都会造成城市人才供需矛盾和人才结构矛盾，因此，需要重视并提高相关机构之间的协调效率，确保人才政策的执行力。

---

① 张波：《人才体制改革推进过程中的问题与对策——基于内地人才特区发展战略的实证分析》，《当代经济管理》2016 年第 12 期。

第二章

推动人力资源和社会保障
事业高质量发展

通过对《南京市"十三五"人力资源和社会保障发展规划》中期的评估，我们可以了解目前人力资源和社会保障事业发展的水平，联系南京市实际情况，提出确保规划后期任务的高质量完成。该规划于2016年正式获得批复，规划期为2016年至2020年，规划中期为2016年至2017年。中期评估以党的十九大精神和中国特色社会主义人才理论为指导，聚焦人才建设、就业创业、社会保障、工资制度、公务员管理、人事制度、劳动关系和公共服务等重点和关键点，采用科学的评估方法评估规划前期阶段的实施情况，突出规划的战略导向作用，持续推动各项目标、任务、工程在后期阶段的有效实施，推动人力资源和社会保障事业的高质量发展。

第一节 规划中期评估的原则与方法

评估原则是力促规划中期评估标准公正合理、评估过程实事求是、评估结果科学有效的基本保障。规划评估原则作为"十三五"人力资源和社会保障发展规划中期评估行为的概括性准则，是对本次规划评估性质、功能、作用的概括，有助于评估人员坚持实事求是的态度，做出公正、客观、专业、科学的判断，引导人力资源和社会保障事业的健康可持续发展。

一 评估原则

"十三五"人力资源和社会保障发展规划的评估秉持全覆盖、动态原则，客观、公正原则，真实、科学原则。

(一) 全覆盖、动态原则

一方面，要求评估对象实现全覆盖，囊括就业、社会保障、人才建设、工资制度、公务员管理、人事制度、劳动关系和公共服务等方面，不仅包括对 27 个指标目标实现的定量评价，包括重点任务和重要工程实施一致性的评估，也包括对人力资源和社会保障事业工作机制与运行效率的评估；另一方面，充分考虑到经济、市场、政策、公众诉求等外界环境因子和评估对象内在条件变化的复杂性、综合性与可变性，评估坚持与时俱进的动态原则，不仅考虑评估当前的实际情况，而且关注规划发展变化的趋势及其可能产生的近期或长远影响，采用定性与定量相结合、专项评估与综合评估相结合、过程评估与效果评估相结合、纵向评估与横向比较相结合等方法，得出客观、准确的判断，为后期人力资源和社会保障工作目标的预判和实现奠定良好基础。

(二) 客观、公正原则

客观公正原则要求规划评估工作实事求是，尊重客观实际。评估工作必须以实际材料为基础，以确凿的事实和人力资源和社会保障事业发展的内在规律为依据，以求实的态度为指针，实事求是地得出评估结果，而不可以个人偏好或其他个人的情感进行评估。规划评估结果是评估人员认真调查研究，通过合乎逻辑的分析、推理得出的，具有客观公正性的评估结论。客观公正性原则包含三层含义：一是评估对象要客观存在；二是评估中采用的数据、指标要客观；三是评估结论要经得起检验。

(三) 科学、真实原则

科学性原则要求必须遵循科学的评估标准，以科学的态度制定评估方案，结合科学的评估方法，根据评估对象的性质和特点，结合实际情况制定科学方案。这样既有利于节约评估的人财物力，降低成本，又有利于提高工作效率，保证评估工作顺利进行。评估过程中，不仅要注重方法科学，还要注重严格遵循评估方法与评估指标、评估对象相匹配。不同类型的评估内容对评估方法具有约束性，不能以方法的多样性模糊方法与类型的匹配关系，影响评估结果的科学性。评估中把握主观评价与客观测算、静态分析与动态分析、定性分析与定量分析的有机结合，做到科学合理，真实可信。

二　评估方法

不同类型规划的中期评估，评估方法各有特点。比如区域规划和资产评估，前者重点分别是规划编制评估、规划实施结果与规划实施过程评估，采用投资—收益分析评估方法、规划平衡表评估方法、多属性分析法等方法，相应的区域规划评估理论也经历了"基于一致性"至"基于表现"的转向。后者是对资产在某一时点的价值进行估计的行为或过程，由符合国家有关规定的专门机构和人员按照法定的评估程序，运用科学的评估方法，对特定资产的价值进行估算的过程。基于不同评估对象进行的评估工作经过多年发展已经积累了丰富的评估经验和方法，课题组优选的"基于一致性"评估理论将规划实施效果作为评估规划成功的依据，为本课题研究提供了学理支持[①]。

关于经济社会发展规划的评估，评估方法也有多种，常见的如项目评估方法、政府绩效评估方法等。国际组织、国外政府甚至民间组织与企业都发展出大量的成熟的关于项目评估的方法，由于这些方法都是针对具体的项目，所以对"五年规划"评估只有局部的借鉴意义。政府绩效评估方法：主要是从标杆管理、平衡评分卡等绩效管理手段中发展出来的绩效评估方法，这些方法对"五年规划"的评估也具有部分参

[①]　郭垚、陈雯：《区域规划评估理论与方法研究进展》，《地理科学进展》2012 年第 6 期。

考意义。本课题采用清华大学国情研究中心开发的五年规划（计划）的"规划蓝图—实施情况"一致性评估方法，曾用于我国"十一五""十二五"规划的中期评估。该方法基于中国公共政策的特点，吸收了国际先进成果，进行了本地化的创新与完善，具有中国特色，较好地实现了科学性与实用性相结合。"规划蓝图—实施情况"一致性评估分三个维度（目标、任务、重点项目）、四个步骤（测量、评价、诊断、报告与建议）（见图2—1）。

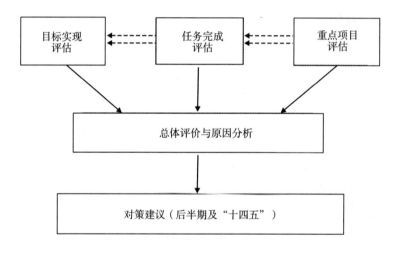

图2—1　"十三五"规划中期评估三个维度

　　课题组将规划蓝图分为目标实现、任务完成和重点项目三个维度进行评估。"十三五"编制规划主要包括总体思路、规划目标、战略任务、重点项目等部分，描绘南京市人力资源和社会保障事业"十三五"期间的发展蓝图。其中规划目标是核心，战略任务是对目标的进一步细化，也是实现目标的主要途径，实施机制和重点项目是规划目标、战略与任务实施的保障。对"规划"进行评估，主要是评价规划制定的发展蓝图实现情况。

　　评估分为四个步骤：第一步，采用数理统计方法，对各个指标、任务的实施情况进行定量测量与定性测量。第二步，把测量结果与规划蓝图进行比对，对实施结果进行分级评价，可以分为超时序提前达到 2020 年目标且高于预期、提前达到 2020 年目标且达到预期、正常进度达到中期预定目标和未完成中期任务等分项。第三步，诊断：对取得成就的进行经验总结，对进展较差的分项进行原因分析。第四步，报告评估结果和政策建议。该方法基于"效用为核心"的评估范式，提供真实、准确、及时、易懂的决策支持信息。

第二节　规划中期评估主要内容

一　指标评估

《发展规划》总体思路清晰，明确了"十三五"时期南京市人力资源和社会保障工作的指导思想、中心任务、工作主线、战略任务，并提出了包括就业培训、社会保障、人才建设、劳动关系和公共服务五大类到 2020 年的发展目标（见表 2—1）。发展目标包括 5 个一级指标、27 个二级指标，其中 7 个属于约束性指标、20 个属于预期性指标。

为测算各个指标中期的完成程度并进行横向比较，课题组采取数理统计方法，用完成率来衡量。指标值完成率指该指标在评估期内的实际变化量占规划要求的规划期内变化量的比率。也就是说，本课题采取指标在 2016 年到 2018 年 6 月期间完成的工作量除以 2020 年的规划目标值，计算得分就是完成率。根据分值大小，分为以下三种类型。第一种类型是指标得分大于或等于 1，说明该指标的完成情况目前已经达到 2020 年目标，但考虑到每个指标的属性不同，因此需要根据指标的属性分为两种情况进行分析：一是积累性指标，如果得分是 1，说明前期的工作成绩非常突出，完成情况已经高于预期目标，建议下一阶段进行目标调整；二是波动性指标，如果得分是 1，只能认为是本时间节点达到预期目标，原定规划目标不需要调整。第二种类型是指标得分小于 1 且大于 0.5，说明该指标进展正常，所确定目标任务总体上达到了时间过半、任务过半，已达到预期目标，得分越接近 1，就越接近 2020 年目标值，预示后半期任务相对较宽松，有可能提前实现目标。第三种类型是指标得分小于 0.5，说明该项指标所涉及的工作目前进展很不乐观，没有按时完成中期考核任务，面临较大困难，需要及时进行诊断分析，找出制约其发展的原因，并提出加速推进后期进度的对策措施，争取按时完成任务。

表 2—1   "十三五"人力资源和社会保障事业发展主要目标完成情况

一级指标	二级指标	规划目标	2017 年	2018 年 6 月	完成率（%）	属性
就业培训	培育自主创业者人数（万人）	〔6〕	5.56	7.47	124.5	预期性
	城镇登记失业率（%）	<4	1.82	1.8	100	预期性
	高校毕业生年末总体就业率（%）	≥92	99.20	*	100	预期性
	创业带动就业人数（万人）	〔40〕	29.21	38.24	95.6	预期性
	实现再就业人数（万人）	〔30〕	21.52	26.98	89.9	预期性
	城镇新增就业人数（万人）	〔70〕	44.96	61.5	87.9	预期性
	大学生创业人数（万人）	〔2〕	1.14	1.51	75.3	预期性
	援助困难人员再就业人数（万人）	〔5〕	2.92	3.6	72.0	预期性
	开展各类职业技能培训（万人次）	〔150〕	80.44	103.9	69.3	预期性
	农村劳动力转移就业率（%）	〔83〕	91.64	92.23	111.2	预期性
社会保障	城乡基本养老保险覆盖率①（%）	≥98	98.52	≥98	100	约束性
	城乡基本医疗保险覆盖率②（%）	≥98	98.42	≥98	100	约束性
	失业保险覆盖率（%）	≥98	98.69	≥98	100	约束性
	城镇职工工伤保险参保人数（万人）	270	271.11	276.24	100	约束性
	城镇职工生育保险参保人数（万人）	256	257.10	262.40	100	约束性

续表

一级指标	二级指标	规划目标	2017 年	2018 年 6 月	完成率（%）	属性
人才建设	每万名劳动者中高技能人才数（人）	880	846	854	97.1	预期性
	专业技术人才总量（万人）	151	135.25	139.12	92.1	预期性
	高、中、初级专业技术人才比例	14∶42∶44	*	10∶32∶58	50	预期性
	高技能人才总量（万人）	46	38.74	39.87	86.7	预期性
	人才资源总量（万人）	311	*	*	*	预期性
劳动关系	规模以上企业劳动合同签订率（%）	≥99	99.99	99.99	100	预期性
	劳动人事争议仲裁案件结案率（%）	≥94	100	98.8	100	预期性
	劳动人事争议仲裁调解成功率（%）	≥72	89.10	84.1	100	预期性
	劳动保障监察举报投诉案件按期结案率（%）	100	100	100	100	预期性
公共服务	社会保障卡持卡率（%）	≥99	100	100	100	预期性
	基层公共服务平台专职工作人员配备率（%）	100	100	100	100	约束性
	基层公共服务平台工作人员持证上岗率（%）	100	100	100	100	约束性

注：1. 〔 〕表示逐年累计数；

2. 表中单位为"%"的指标为动态指标，在达到该指标值后需要保持其稳定性；

3. ①包括企业职工基本养老保险、城乡居民基本养老保险和机关事业单位基本养老保险；

4. ②包括城镇职工基本医疗保险和城乡居民基本医疗保险；

5. *表示数据缺失。

根据测算，27 个指标的得分结果显示见图 2—2。横轴代表进展程度，考虑到所有指标数值均在 0.5 以上，因此刻度起点定为 0.4。

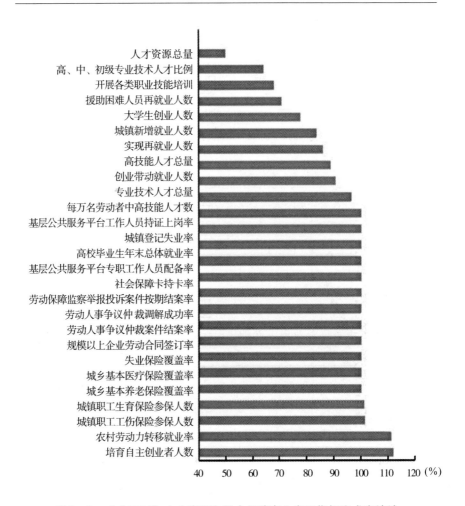

图2—2   "十三五"人力资源和社会保障事业发展指标完成率统计

按照完成任务的时序程度进行排序，26个指标得分均大于0.5，达到时序进度要求，顺利完成中期考核任务。其中培育自主创业者人数、城镇职工工伤保险参保人数和城镇职工生育保险参保人数指标完成情况高于规划预期，城乡基本养老保险覆盖率等23个指标完成情况属于达到规划预期。

从约束性指标的执行情况看，城镇职工工伤保险参保人数、城镇职工生育保险参保人数、城乡基本养老保险覆盖率、城乡基本医疗保险覆盖率、失业保险覆盖率、基层公共服务平台专职工作人员配备率、基层公共服务平台工作人员持证上岗率 7 个约束性指标，在"十三五"前半期均完成年度目标。

按照就业培训、社会保障、人才建设、劳动关系和公共服务等不同的工作部门进行统计分析，结果如图 2—3 所示。

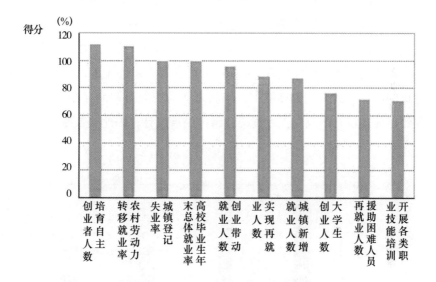

图 2—3　就业培训主要指标完成率比较

就业培训工作的指标最多，共有 10 个二级指标，从指标得分情况看，培育自主创业者人数、农村劳动力转移就业率、城镇登记失业率和高校毕业生年末总体就业率 4 个指标的得分均超过 1。创业带动就业人数和实现再就业人数 2 个指标得分均超过 0.8，接近 2020 年目标；城镇新增就业人数和大学生创业人数 2 个指标得分均超过 0.7，较好地完成了中期任务；援助困难人员再就业人数和开展各类职业技能培训 2 个指标得分均超过 0.6，超过了中期预定的目标值。

涉及社会保障工作的二级指标有 5 个，分析得分情况，所有指标都远远超过中期评估目标，甚至超过 2020 年设定的奋斗目标值，充分说明南京市社会保障工作满足了社会需求。

人才建设有 5 个二级指标，从得分看，每万名劳动者中高技能人才数和专业技术人才总量 2 个指标的得分均超过 0.9，充分接近 2020 年目标，高技能人才总量的得分也超过 0.8，高、中、初级专业技术人才比例属于结构化数值，不适合用定量方法进行评估，故采用定量与定性相结合的方法加以评估，从高、中、初级专业技术人才比例的数值的逐年变化看，高级专业技术人员和初级专业技术人员所占比例上升，中级专业技术人员所占比例下降，总体上已经达到了中期评估的要求。按照用完成率来衡量工作进展程度的评估方法，课题组认为高、中、初级专业技术人才比例指标的完成率为 0.5。人才资源总量的统筹规划和综合统计机制尚处于健全优化过程中，部门之间的沟通协调尚存在一定难度，导致目前还没有形成对人才资源总量的精准统计，因此该数据缺失。

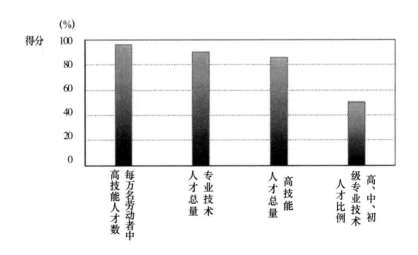

图 2—4　人才建设主要指标完成率比较

劳动关系的 4 个二级指标的得分均超过 1，在"十三五"前半期均顺利完成年度目标。

公共服务的 3 个二级指标的得分均超过 1，在"十三五"前半期均顺利完成年度目标。

二　重点任务评估

（一）就业政策实施效果明显，进一步提高了就业质量

近年来，南京市人力资源和社会保障局深入贯彻实施就业优先战略和积极就业政策，在实现更高质量和更充分就业目标上取得了阶段性成果，进一步提高了就业质量，提升了市民幸福获得感和服务满意度，真正践行了"就业是最大的民生"。

第一，坚持以就业优先战略和就业积极政策为行动指南，政策制定和落实、就业扶持的靶向性明确，失业预防和调控等环节成绩突出。

"十三五"开局后，南京市人力资源和社会保障局坚定地将就业优先战略贯彻落实到每个工作环节，体现在就业政策制定与实施、重点群体就业与扶持、就业的职业培训以及失业预防和调控等方面，圆满完成了规划预定的中期目标。

就业政策制定与实施方面，认真贯彻执行国家和省市新一轮积极就业政策，完善了就业创业政策体系，形成由政府主导、部门协作、社会参与、齐抓共管促进就业的工作格局。2016 年，贯彻落实市政府《关于进一步做好新形势下就业创业工作的实施意见》等文件要求，出台《南京市就业困难人员认定实施细则》等五个具体政策，推动落实全市就业创业政策的城乡统一、同城同标。同年出台《关于在化解过剩产能实现脱困发展过程中做好职工安置工作的实施意见》，妥善做好在化解过剩产能中的职工分流安置工作。2017 年，出台《市政府关于做好当前和今后一段时期就业创业工作的实施意见》，进一步完善就业创业政策体系。2018 年，为了贯彻落实"市委一号文件"，加快推进建设具有全球影响力的创新名城，出台了青年大学生"宁聚计划"，制定完善了落户政策、面试补贴、租房补贴、优秀创业项目遴选资助、开业补贴、创业成功奖励、创业带动就业奖励、创业失败补贴等一系列大学生就业创业扶持政策，形成了大学生就业创业全过程、链条式政策体系。

重点群体就业与扶持方面，积极响应时代发展需求，对高校毕业

生、就业困难人员和农民工群体给予政策支持，极大地提升了南京的就业质量，优化了城乡一体化就业新格局。一是高校毕业生就业工作成效显著。针对南京市高校毕业生人数屡创历史新高的就业形势，多渠道拓展毕业生就业领域，引导高校毕业生面向基层就业，鼓励小微企业吸纳高校毕业生就业；通过深入实施大学生就业促进计划，做好离校未就业高校毕业生实名制登记管理服务工作，提供有针对性的职业指导、创业服务、技能培训等就业服务；广泛开展了大学生就业创业政策百日宣传等多种形式就业服务活动，打造高校毕业生就业活动品牌，提升大学生就业市场服务水平，进一步优化政校合作促进就业机制。二是就业困难人员的就业率得到提升。对未就业的困难家庭高校毕业生、零就业家庭、残疾人等就业困难群体组织开展形式多样、内容丰富的就业援助专项活动，采取个性援助、过程援助和长效援助等方式。加强就业困难人员认定工作，规范就业援助补贴的申报审核发放流程，落实就业援助跟踪服务措施，确保就业困难人员和困难家庭高校毕业生100%得到援助，零就业家庭实现动态消零。三是农村劳动力转移就业状况良好。多年来，通过建立健全农民工工作体系、扩大"新南京人服务中心"覆盖面、加强本地农村富余劳动力、外来务工人员的技能培训和就业指导等综合服务，合理引导农村富余劳动力有序外出就业或就近转移就业。

就业的职业培训方面，通过不断完善职业培训政策体系，推动更多的人参与就业。构建以培训促就业的财政支持机制，进一步扩大培训补贴范围，提高培训补贴标准，创新资金拨付方式，规范补贴申报核拨流程，积极推行政府购买培训成果机制，面向全社会开展定点机构的招标工作，吸引普通高等院校、职业院校、技工院校、民办职业培训机构、企事业单位培训中心等优质培训资源参与政府补贴培训工作。创新职业培训工作模式，开展创新培训模式试点，将创业模拟实训有机地融入创业培训课程。针对不同群体，开展"网络创业""创业见习"等培训，创业培训实现"分层分类"。开展职业培训需求调查，深入分析劳动力市场对劳动者技能素质的需求状况，围绕市场需求，实行订单培训、定向培训，增强培训的实用性、针对性、有效性，实现培训与就业的紧密结合。

有效形成了预防调控失业风险机制。通过加强就业失业登记管理，推动就业和失业动态监测体系建设，建立失业监测预警工作制度，促进了就业失业调控水平的进一步提高。南京在全国率先开展失业预警制度试点工作，将全市5万多家企业就业失业状况纳入监测，及时掌握就业失业动态变化，建立用人单位潜在裁员数据库，加强对岗位流失原因的客观分析，为促进失业人员再就业和防止失业发挥了重要作用。2015年，南京出台《关于进一步做好失业保险支持企业稳定岗位有关问题的实施意见》，充分发挥失业保险在产业结构调整中预防失业、促进就业的作用，对在本市缴纳失业保险费，并采取有效措施不裁员、少裁员，稳定就业岗位的企业，按该企业及其职工上年度实际缴纳失业保险费总额的50%给予稳岗补贴，三年共惠及6万家企业、488.41万职工，发放20.65亿元。2017年，出台《关于失业保险支持参保职工提升职业技能有关问题的通知》，对符合条件的按照取得职业资格证书或职业技能等级证书的不同级别给予补贴，初级（五级）、中级（四级）、高级（三级）分别给予1000元、1500元、2000元的补贴，进一步发挥失业保险促进就业功能，鼓励企业职工提升职业技能，从源头上减少失业、稳定就业。

第二，南京坚持实施积极劳动力市场政策，取得了良好的就业效果。如前所述，10个就业指标全部达到预期目标。

高校毕业生就业情况良好。2016年至2018年6月底，已组织各类大学生专场招聘会211场，参加用人单位15151家，提供岗位32.41万个，吸引24.7万名毕业生进场求职。加强应届毕业生供需对接匹配，积极促进求职毕业生和用人单位供需对接匹配。2016年以来，对符合条件在南京就业创业的高校毕业生给予租房补贴，累计发放租房补贴6.51万余人，发放金额3.77亿元，降低在宁就业创业大学生生活成本，吸引了高校毕业生落户南京。实施困难毕业生就业帮扶，2016年

以来，共为 1062 人发放求职创业补贴 159.3 万元。加强毕业生就业
（创业）见习培训，对象范围扩大到离毕业不足三个月尚未落实工作单
位的全日制普通高校学生。2016 年至 2017 年，共发放见习培训补贴
3532.13 万元。

积极吸引青年大学毕业生来宁创业。持续开展创业指导服务活动，
积极送政策、送服务进校园。持续推进青年大学生优秀创业项目遴选资
助。110 个大学生创业项目被评为 2016 年度江苏省大学生优秀创业项
目，获奖数量占全省 500 个获奖项目的 22%，在全省 13 个城市中名列
第一。通过组织开展了青年大学生投融资对接活动，邀请多家投资机构
为优秀大学生创业项目提供创业融资配套服务，加强对青年大学生创业
的融资支持。持续举办"赢在南京"青年大学生创业大赛。2016 年至
2018 年 6 月以来共吸引全国 3345 个大学生创业项目报名参赛。此外，
组织青年大学生参加全国第三届"互联网 +"大学生创新创业大赛、
"创响江苏"大学生创业大赛，在更高层次的平台上展现自己积极创新
创业的热情和风采。在全国第三届"互联网 +"大学生创新创业大赛
中，南京参赛的两个项目荣获金奖，5 个项目获得银奖。在"创响江
苏"大学生创业大赛中，南京 3 位创业者入选"创业标兵"十强，两
个项目荣获三等奖。

"宁聚计划"的实施，推进了大学生在宁就业创业，增加了就业岗
位。在南京高校网站设立"宁聚计划"专栏，实时推送、全面解读
"宁聚计划"相关政策及服务措施，吸引更多高校毕业生留宁来宁就业
创业。2017 年，新增 19 个高校就业创业指导站，实现了 53 所高校就业
创业指导站全覆盖。多渠道开发就业岗位，采取推进见习实训基地建
设、提高生活补贴标准、对见习实训期满留岗就业率高的给予奖励等手
段加强青年大学生职业技能训练。进入小微企业就业的青年大学生，除
给社保补贴外，打破户籍限制每人再给予 2000 元奖励补助。鼓励扶持
青年人才自主创业，重点解决大学生初创期在项目、场地、资金等方面
的问题，包括遴选优秀项目每个给予 10 万—50 万元资助、首次创业领

取营业执照后即给予2000元开业补贴、正常经营纳税半年给予4000元创业成功奖励、每带动1名失业人员就业给予2000元的创业带动就业奖励、提供30平方米免费场地给予场租补贴、创业失败给予最高不超过1万元的社保补贴等，形成"扶上马""送一程""助成长""有保底"的政策服务体系。2018年1—6月，共有9416名外地高校毕业生来宁面试申请。经过市区两级审核及复核后，共审核通过3991人，发放金额399.1万元。2018年以来，共举办38场"宁聚计划"专场招聘及宣讲活动，提供3万多个就业岗位，引导更多的大学生关注南京、了解南京、爱上南京，并选择留在南京、建设南京、扎根南京。

为就业困难人员和农民工群体提供专项就业服务活动。对"4050""低保""双失业"等十一类就业困难人员，加强了认定管理和援助服务，帮助就业困难人员及时就业。2016年至2018年就业援助月期间，共走访就业困难人员13203户，登记认定未就业困难人员8154人次，援助就业困难人员6710人次，帮助就业困难人员享受扶持政策6977人次。改善进城务工和就近就地转移就业人员的就业服务环境，依法维护其合法权益，满足企业和各类单位用人需求。每年1月至3月，南京集中开展以"促进转移就业，助力脱贫攻坚"为主题的"春风行动"公共就业服务专项活动。2016年至2018年春风行动期间，共张贴宣传公告4000张，发放宣传品29.12万份，举办各类专场招聘活动476场次，进场招聘企业13474家，提供岗位22.59万个，向进场求职人员提供免费服务32.12万人次，成功帮助9.21万人实现就业。

（二）多层次社会保障体系的建设取得突破性进展

"十三五"前期南京社会保险事业继续保持了持续、稳定的发展态势，规划确定的各项任务进展顺利，为完成五年目标奠定了坚实基础。

社会保障主要指标完成情况超出规划预期，提前完成中期任务。截至2018年6月，城镇职工五项社会保险累计参保1539.04万人次，其中企业职工养老保险311.6万人、职工医疗保险416.2万人、失业保险272.6万人、工伤保险276.24万人、生育保险262.4万人；城乡基本养老保险、城乡基本医疗保险、失业保险的覆盖率均大于98%。企业退休人员纳入社会化管理率达到100%，企业退休人员免费健康体检人数累计达107.24万人。职工医保、城镇居民医保参保人员制度规定范围内住院医药费用报销比例分别达到85.13%和75.12%，完成规划目标。

两年来，社会保障工作成效突出，充分体现在以下六个方面。

第一，完善城乡居民养老保险和征地保障办法，大力推进机关事业单位养老保险改革，完成3315家单位、21.53万人参保核定登记，在江苏省率先基本实现"全覆盖"，实现改革后退休人员按照养老保险待遇新办法进行计发，实现改革后变动人员养老保险关系的转移接续，实现机关事业单位养老保险市级统筹和分级经办，全市统一政策制度、统一经办标准和流程。推进医疗保险改革和跨省异地就医联网结算。确定以总额预算管理为主的医保付费方式改革思路，根据重复住院率和费用增长率指标进行合理调控，同时辅以病种定额结算、床日定额结算、服务项目结算等多种结算方式，逐步形成激励与约束并重的医保支付制度。从2015年1月1日起，正式启动实施大病保险制度，将城乡居民、城镇职工一并纳入制度范围，有效缓解了参保人员因病致贫的问题。按照国家取消医保定点资格审查的改革要求，制订南京市协议管理办法，实施协议管理。推进公立医院综合改革，对2015年10月31日城市公立医院医药价格综合改革实施以来的医疗费用情况进行跟踪分析和监测评估。按照国家、省统一部署，稳步推进城乡医保整合，出台了南京市整合实施方案和任务分解方案，会同市卫计委和财政局完成市级层面新农合工作移交，整合城镇居民医保和新农合管理职能，逐步推进城乡居民医保经办的统一规划、统一标准、统一管理。推进跨省异地就医联网结算。在做好省内异地就医结算的同时，根据部、省统一部署推进跨省异地就医联网结算工作，顺利接入国家异地就医平台；优化了工作流程，简化"转出人员"备案手续，取消参保单位、就医地经办机构盖章等环节；取消异地就医信息落地确认手续，实现后台自动统一下载、关联和接收，"异地来宁人员"无须在宁办理任何手续，即可直接就医。推进社会保险市级统筹，在失业保险、养老保险市级统筹的基础上，2015 年 1 月实行工伤、生育保险市级统筹，2016 年 1 月实现医疗保险市级统筹，在省内率先实现了职工五项保险参保缴费、基金管理、政策待遇、经办服务的四个统一。随着社会保险领域改革的不断深化和稳步推进，让南京市民感受到与自身幸福指数息息相关的民生温度，拥有更多获得感和幸福感。

第二，在构建覆盖城乡的社会保险制度体系的同时，社会保险覆盖面也打破了以城市为中心、以职业人群为重点的局限，实现了从城镇到农村、从职工到居民、从本市人到外地人及境外人员的转变，基本养老保险、基本医疗保险、失业保险覆盖率均达 98% 以上，不断扩大社会保险覆盖面。

截至 2018 年 6 月底，南京市城乡基本社会保险累计参保 1909.29 万人次。为了将更多的城乡居民纳入社会保障网，南京市于 2014 年率先开展全民参保登记工作，按照简便高效、覆盖全民的原则，采取以信息比对为主、重点入户调查采集为补充的方式开展全民参保登记，全面摸清全市单位和个人参加社会保险的整体情况，建立城乡一体、涵盖 10.4 万户单位和 644.8 万户籍人口的社会保险参保登记基础数据库。2016 年开发了"南京市全民参保登记电子地图"，分为单位和个人两部分，详细标明南京市各区每家单位和每个人的参保状况，并对未参保登记单位及人群、中断缴费人员或参保险种不全人员进行了标识，直观反映全市全民参保登记情况，并对未参保单位和个人进行精准扩面，提高扩面工作的针对性，为社会保险由"广覆盖"转向"全覆盖"提供数据支撑。依托南京市信息中心平台，汇集公安、编办、工商、民政、教育、卫生等 15 个部门的相关数据，实现对各部门的新增单位和个人数据信息动态更新和数据共享，2017 年共归集地税部门新增单位 1.7 万户、公安部门人口信息 676.8 万条、教育部门学籍登记信息 61.3 万条、居民医保参保信息 123.82 万条、新农合参保信息 170.05 万条、居民养老参保信息 113.42 万条数据。经过几年的探索，全民参保登记为扩面征缴工作打开了新局面，在全市范围内开展社会保险扩面征缴专项行动，并通过各区做好中断缴费人员续保工作，2015 年、2016 年和 2017 年分别带动全市五项保险参保净增 51.73 万人次、38.85 万人次、32.95 万人次。

第三，自实施社会保险制度改革以来，南京逐步建立起了社会保险待遇的动态调整机制，根据经济社会发展水平和基金承受能力，不断调整提高保障水平，保障和改善了广大群众特别是低收入群体的生活，让更多的群众分享到了经济社会发展的红利。

一是自 2001 年起，连续 17 年上调企业退休人员养老金，2017 年 7 月底企业退休人员基本养老金调整工作落实到位后，南京市企业退休人员平均养老金为 2908 元，继续位居江苏省前列；同时，为 1618 名"老军工"和 2439 名"老知青"调整生活困难补贴，"老军工"月补贴标准上限由 540 元调到 590 元，"老知青"月生活困难补贴由 600 元调到 650 元。二是自 2015 年起，南京市各区全面实现参保缴费、政府补贴、基础养老金等居民养老保险待遇标准的城乡同标，全市各区农村居民和城镇居民基础养老金的月最低计发标准分别由 220 元和 275 元统一提高至 310 元，在江苏省率先实现了同步并轨，2017 年 1 月 1 日再次将城乡居民基本养老保险基础养老金标准每月增加 35 元，由 345 元/月调整到 380 元/月；被征地人员中，南京市本级新政人员的待遇水平由 810—1202 元/月提高到 890—1290 元/月；新政人员保障金首次计发标准、市本级原基本生活保障人员待遇水平、老年生活困难补助标准均得到提高。三是调整失业保险金发放最高和最低标准，健全与最低工资标准、最低生活保障标准相适应的失业保险待遇调整机制，目前南京市失业保险金最低标准为 1053 元/月，最高标准为 1890 元/月。四是职工医保、居民医保制度范围内住院费用报销比例分别达到 85.13% 和 75.12%。

第四，全力加强社保基金监督管理，通过推进基金监管的常规化、标准化、智能化和社会化，不断增强基金监管的能力和水平。

2016 年至 2018 年 6 月，各项保险基金合计征收 2022.91 亿元，其中职工五项保险基金累计征收 1555.87 亿元，各项社会保险基金累计结余 101.98 亿元，其中当期结余 1081.37 亿元。一是坚持基金监管的常规化。以缴费基数申报稽核和医保两定单位稽核为重点，有序开展基金日常监管工作。一方面，严把缴费基数申报。2016 年起，南京全面实行缴费基数网上申报，不但方便了用人单位，也进一步规范了申报的流程，提升了申报的质量，当年全市共有 5.12 万户单位、194 万人主动申报了社保基数。2016 年起，以委托第三方的方式对社保缴费申报数据中达到预警风险点的 440 户用人单位进行实地稽核。另一方面，狠抓医保两定单位稽核。根据举报投诉对违规医院、药店和参保职工进行查处；2017 年，组织开展 4 轮医保两定单位专项稽核，解除医保服务协议 10 家，暂停医保服务 55 家，取消 17 家单位部分服务范围。二是提高基金监管的标准化。实施社会保险标准化建设工作，首批完成 132 项共计 30 万字的业务标准编写，初步实现各业务环节顺畅运转，关键要素全方位监控，建立完善了社保经办管理的统一规则和最佳秩序；梳理整合基金收支及核算工作制度，建立规范严谨的基金管理办法，以信息化建设推进业务经办与系统、档案、财务、统计的一体化，确保所有业务项目和操作环节均得到有效控制。三是推进基金监管的智能化。2016 年制定出台《南京市医疗保险智能监控系统管理办法（试行）》，建设医保智能监控系统，明确监控规则处理原则、反馈要求、工作流程等，启用 14 个监控规则，完成人工审核向智能审核的过渡。自 2016 年 5 月起逐月落实违规数据结算调整，2016 年医保智能监控共计审核扣减 1349.03 万元；2017 年，扣减违规费用 765 万元。2016 年建立社会保险待遇领取资格的信息比对制度，依托全市政务信息资源共享交换平台，人力资源和社会保障、公安、民政、司法、卫计委等部门实现数据资源共享，实时进行信息比对，并将认证工作融入社会化服务中，做到了认证工作"友情无声"。四是实现基金监管的社会化。为了弥补自身监督能力不足，建立并完善了专家评估和社会监督机制，成立了医保咨询评估专家组和社会监督工作组两个工作小组，前者帮助提供咨询指导和技术支持，后者协助开展对定点医药机构医保服务行为和参保人员就医购药行为的监督。目前，已经从医疗、药学、社会保障、物价、药监等方面专业人士和高等院校学者中遴选确定了首批专家组成员 230 名，从社会各界人士中遴选确定了首批社会监督组成员 102 名，按照具体的工作规则组织开展相关工作。

第五，构建覆盖城乡多层次的医疗保险制度体系，城乡一体化进程稳步推进。

一是率先建立"统收统支"式市级统筹，城乡一体化进程取得积极成效。以推动区域资源整合、实现同城同待为目标，先后出台《关于印发南京市职工工伤保险生育保险市级统筹实施办法的通知》（宁政发〔2015〕8 号）、《关于南京市城镇职工基本医疗保险市级统筹实施办法的通知》（宁政发〔2015〕267 号），在江苏省率先以"统收统支"模式实现生育保险、职工医保市级统筹，政策保障体系进一步优化，两项保险的运行质量和服务水平不断提高。

二是建立城乡居民基本医疗保险制度，城乡居民公平享有保障权益。2017 年起，按照国家关于整合城镇居民基本医疗保险和新型农村合作医疗两项制度的部署要求，出台《市政府关于印发南京市整合城乡居民基本医疗保险制度实施方案的通知》（宁政发〔2017〕47 号），制定"整合理顺城乡居民医保管理体制与提高统筹层次同步，整合完善城乡居民基本医保制度与整合大病保险制度同步，建立统一的信息系统与优化经办服务同步"的工作路径，统筹规划、有力推进南京城乡居民医保制度的整合工作。出台《南京市城乡居民基本医疗保险办法》（宁政发〔2018〕75 号），建立起全市统一的城乡居民基本医疗保险制度，实现覆盖范围、筹资政策、保障待遇、医保目录、定点管理、基金管理"六统一"。打破了以城市为中心、以职业人群为重点的局限，城乡居民公平享有社保保险权益，社保保险制度实现城乡一体化全覆盖。

三是建立城镇职工和城乡居民统一的大病保险制度，因病致贫、因病返贫问题有效缓解。2015 年起，实施城镇职工和居民大病保险制度，在基本医疗保障基础上实现拓展和补充，减轻人民群众大病医疗费用负担。2018 年，在整合城乡居民基本医疗保险的同时，同步整合大病保险制度，出台《关于统一城镇职工和城乡居民大病保险的实施意见》（宁政办发〔2018〕52 号），打破原"1＋7"统筹模式，全市范围内实施统一的大病保险政策待遇，切实缓解重特大疾病高额医疗费用问题。同时助力精准扶贫工作，对符合条件的困难人员，通过降低大病保险起付标准，提高报销比例，提高困难人员保障待遇，进一步促进社会公平正义。

第六，不断提升社会保险公共服务能力。针对人民群众越来越高的社保服务需求，立足于规范、高效、便民、快捷，大幅提升社会保险的公共服务能力，让参保人员享受更为优质的服务。一是推进社会保险社会化服务。目前南京市 80 万企业退休人员已纳入社区管理，依托 7200 多名退休人员自管互助组织，开展丰富多彩的文化娱乐活动，享受"四走访、五慰问、六服务"以及每两年一次的免费健康体检，形成了具有南京特色的"春健体魄、夏享清凉、秋秀才艺、冬送温暖"社会化服务品牌。开展元旦、春节"两节"慰问活动，三年来，向特困企业退休人员家庭、鳏寡孤独人员以及工伤、失业人员累计发放慰问金和慰问品共计 1.22 亿元。二是构建便民服务网络。在城镇层面，在南京市各区、部分街道社保经办服务窗口以及市政务中心、住房公积金管理中心、出入境管理中心等部门配置了 86 台社会保险自助服务终端机，提供 49 项社保信息查询和自助打印服务；在农村层面，与金融机构合作，通过在全市各行政村的超市、便利店、农资连锁店等特约商户布放电话支付终端，覆盖率 100%，为参保人提供支付、实时转账、余额查询等支付结算服务，打通了民生服务"最后一公里"，实现了参保登记、缴费、待遇领取、信息查询"四个不出村"；在跨区域层面，推进社会保险关系的无缝转接，并先后启动实施医保省内和跨省异地联网就诊结算，跨省异地就医直接结算方面，接入国家跨省异地就医系统的医疗机构达到 25 家，已结算外省市来宁住院 2604 人次，占全省总结算人次的

63.8%，共结算住院医疗费用 6464 万元，占江苏省总结算费用的71.9%。三是推进"智慧社保"建设。拓展网上大厅办事项目，南京市已有社会保险"参保登记""缴费基数申报""退休人员养老待遇申请"等 107 项业务可以通过网上办理，养老支付情况、异地转入基金以及医疗、生育、工伤保险报销费用（待遇）等项目可以通过网上查询，既保障了参保人员的知情权，也充分提高了服务的便捷性。创新权益管理形式，改变过去手工出具参保缴费证明的形式，开通自助打印和网上查询打印功能，参保个人只需凭市民卡或身份证就可通过自助查询终端机进行打印，已办理网上注册的参保单位和个人，还可登陆网站进行查询打印。打造掌上社保，2015 年 11 月开通"南京社保"微信公众号，对各险种主要政策和办事流程进行全面告知，对最新信息进行实时发布；此外，通过微信平台、"我的南京"、支付宝等手机 App 在全国率先启动社会保险费的线上缴费模式，10 万余参保人员在线缴纳了居民医保费及灵活就业人员社会保险费，让个人社保缴费完全突破了时间和空间的阻碍。

（三）高质量人才队伍为"创新名城"建设提供坚实支撑

"十三五"期间，南京市人力资源和社会保障局把外国专家、高层次人才、专业技术人员、高技能人才四类人才放在全局工作的重要位置，坚决贯彻人才优先发展战略和人才强市战略，围绕创新驱动发展和"创新名城"建设，完善政策措施，创新体制机制，健全服务体系，各方面工作顺利完成预定目标。

一是海内外人才集聚效应显著，研发和创新成果不断涌现。据统计，截至 2017 年年底，在南京地区创业创新的留学回国人员（含国外绿卡、外籍人员）数量约有 3.25 万人，常住外国人（居留半年以上）有 1.7 万人。2017 年 5 月 1 日至 2018 年 5 月 1 日，1644 名外籍人才办理了《外国人工作许可证》。全市完成引进国（境）外技术、管理专家项目 173 项，引进外国专家 3182 人次。2016 年南京实施"创业南京英才计划"后，人力资源和社会保障局负责"高层次创业人才引进计划"

申报评审的组织实施工作，据统计，2016—2017 年通过"高层次创业人才引进计划"共受理 6768 位海内外人才申报，1280 人入选区级计划，404 人入选市级计划。两年内共吸引 75 个团队申报高端团队引进计划，51 个团队共 165 位成员入选。根据对 2016 年 185 位市级计划入选者落地企业经营情况开展的年度监测结果显示，185 家市级高层次创业人才引进计划企业，创业项目集中分布在新一代信息技术、节能环保、现代服务业等战略性新兴产业领域，契合南京"4＋4＋1"战略性新兴产业发展方向，成为新的经济增长点。这 185 家企业注册资本总额超过 8 亿元，其中超过 1000 万元以上的有 17 家；资产总规模约为 7.6 亿元，其中超过 1000 万元以上的有 20 家；就业人数达到 2300 人以上，参加社保人数超过 1500 人，其中缴纳社保人数超过 20 人的有 19 家；企业主营业务收入为 2.12 亿元；上缴各类税收 867.6 万元；吸引社会资本总投资超出 2 亿元。这 185 家企业研发积累和创新成果不断涌现。申请发明专利 226 件，授权发明专利 30 件，授权实用新型专利 24 件，获得软件著作权 379 件。通过各类质量体系认证、软件产品认证、强制性产品认证等累计 53 项。

二是专业技术人才队伍结构进一步优化。南京高层次专家队伍中共有新世纪百千万工程国家级人选 8 人、享受政府特殊津贴人员 545 人、江苏省有突出贡献中青年专家 239 人、南京市有突出贡献中青年专家 310 人。南京地区共设有国家级博士后工作站 76 家、省级博士后创新实践基地 60 家，2017 年新招收博士后 114 人，在站博士后总计 316 人。"十三五"时期涉及的专业技术人才总量和高、中、初级专业技术人才比例两项主要指标稳步推进，实现阶段性目标。截至 2018 年 6 月底，全市各类专业技术人才总量已达 139.12 万人，顺利实现"十三五"中期目标。高、中级专业技术人才数量增幅明显，高、中、初级结构比例持续优化，现阶段比例约为 10：32：58，比例不断优化。持续深化职称制度改革，出台深化职称制度改革的实施意见。全面修订南京各系列中级专业技术资格申报评审条件。推进职称评审社会化，依托具备条件的行业协会、专业学会、公共人才服务机构等，组建社会化职称认定评审机构。扩大区（园区）职称评审权限，2018 年起全面下放中、初级职称初定权限，全面下放中小学（幼儿园）一级教师评审权限，并逐步扩展至其他系列。创新人才评价方式，围绕建设具有全球影响力创新名城的若干政策措施的目标，实施非共识人才"举荐制"，探索人才认定机制的市场化社会化，目前共有来自各领域的 26 名领军人才担任首届高层次人才举荐委员会委员。配合《南京市人才安居办法》的出台，起草完成了《南京市人才安居办法适用对象（目录）》，并牵头承担 A 至 F 六类人才中 B、C、D 类的人才认定工作。截至 2018 年 6 月，南京市人才安居办法适用对象和人才安居高层次人才申请人数达 4674 人，通过审核 2205 人。

三是高技能人才培养体系逐步完善，发展环境得到优化。对照"十三五"预设的中期目标，高技能人才总量达到 39.87 万人，完成目标的 86.7%；每万名劳动力中高技能人才数达到 854 人，完成目标的 97.1%；在职职工培训达 41.51 万人次，2018 年、2020 年目标均为 30 万人次，如期完成工作目标。2016 年以来，南京积极推进技能人才工作，逐步健全了以企业行业为主体、职业院校为依托的面向城乡全体劳动者的职业培训体系和高技能人才培养体系。第一，注重解决结构性矛盾。对接南京"4＋4＋1"主导产业体系，每年发布紧缺型高技能人才职业（工种）目录的通知，侧重对产业发展亟须项目的扶植力度，鼓励受训者参加高技能人才职业培训项目，以满足企业对高技能人才和产业结构调整升级的需求。充分发挥技工院校、高技能人才公共实训基地、企业培训中心等职业技能培训平台作用，加大技能人才培养培训力度，提高劳动者就业能力和岗位转换能力。第二，大规模开展职业技能培训。持续落实《关于推进职业技能提升行动计划（2017—2020 年）的实施意见》。根据"城乡统筹、就业导向、技能为本、终身培训"原则，积极推行公共服务均等化的培训政策，做到培训人群广覆盖、培训类型多样化、管理服务规范化、保障机制精准化；不断扩大普惠性政策覆盖面。实施农民工职业技能提升计划和失业人员再就业培训计划，针对城镇失业人员、农村转移劳动力、企业职工、高校毕业生、新成长劳动力等群体，以获取国家职业资格证书、职业技能等级证书、专项能力证书和就业培训结业证书为主，采取直补个人与直补企业相结合的方式，为城乡劳动者提供普惠均等的培训补贴。大力培育乡土人才队伍，传承弘扬地方优秀传统技艺，通过举办乡土人才技能大赛、创建乡土人才技能大师工作室等方式，扶持引导乡土人才带领技艺传承、带强产业发展、带动群众致富。第三，大力弘扬"工匠精神"。健全技能人才培养激励机制，优化成长环境，畅通"阶梯式"发展通道，围绕"中国制造2025"，对接南京产业发展需求，打造更多领域"南京工匠"，大力建设适应产业发展需要的知识型、技能型、创新型劳动者大军。组织开展南京市各类技能竞赛，鼓励支持优秀高技能人才参加世界技能大赛选拔赛以及国家、省技能状元大赛等技能大赛，通过大赛，实现"以赛代练、以赛代培、以赛促培"，充分发挥大赛示范引领作用，激发弘扬"工匠精神"。

（四）统筹兼顾形成了合理有序的工资收入分配格局

以"十三五"发展规划的目标任务为指导，南京不断落实完善机关事业单位工资制度，推动机关事业单位工作人员收入水平稳步提高。以下几个方面工作成效突出：一是建立了机关事业单位基本工资正常调整机制。2016年7月，调整了机关事业单位工作人员基本工资标准，提高了基本工资在工资性收入中的比重，月人均增资约300元。二是落实了县级及以下公务员职务与职级并行、职级与待遇挂钩相关政策，拓展了基层公务员提高待遇渠道，月人均增资约330元。三是落实了乡镇工作人员补贴的发放工作，提高了乡镇工作人员的工资待遇，月人均增资约350元。四是进一步规范了市属事业单位绩效工资总量管理。一方面提高了其他事业单位绩效工资总量控高线幅度，将全额拨款、差额拨款、自收自支事业单位的控高线幅度由130%、150%和200%分别提高至146%、168%和224%；另一方面提高了医疗卫生事业单位绩效工资总量调控水平，将城市公立医院控高线幅度调整为 117%—230%，县属公立医院控高线幅度调整为 117%—219%，基层医疗卫生机构事业单位控高线幅度调整为 117%—168%，有效调动了事业单位工作人员的积极性。五是推进落实了公立医院、高校、科研院所薪酬制度改革。鼓励高校、科研院所、公立医院等事业单位结合自身实际，自主确定实行年薪工资、协议工资、项目工资等多种薪酬分配制度，通过年薪工资、协议工资、项目工资等形式聘用的高层次人才和急需紧缺人才，其人员及实际薪酬发放水平不纳入单位绩效工资总量核定范围。

（五）创新公务员管理制度提升科学化水平

对照《南京市"十三五"人力资源和社会保障发展规划》内容，针对公务员制度改革的主要任务是推进公务员分类管理改革。两年多来，主要做到了推进落实专业技术类、行政执法类公务员职务序列，完善不同类别公务员晋升、交流等配套管理机制；不断完善公务员选拔任用机制，大力推行职务与职级并行制度，努力拓展不同类别公务员职业发展空间。

第一，县以下机关公务员职务与职级并行制度落地生根。2015—2017 年，在南京市列入实施范围的 87 个街道、13 个镇机关的 4146 名公务员中，符合晋升条件的共有 868 人。符合晋升条件人员，由所在单位经过初核、民主测评和考核、公示等规定的程序，按照干部管理权限，报区公务员主管部门审批。经与各区公务员主管部门核实，职级晋升的审批工作都已完成，相关待遇都已兑现，人均增资额约 330 元。

第二，圆满完成公安机关警员职务序列改革试点工作。南京作为公安机关警员职务序列改革的试点城市之一，人力资源和社会保障局会同市委组织部、市公安局，按照各自的职责分工，于 2017 年 2 月完成南京市公安机关执法勤务警员职务序列改革及警务技术职务序列改革试点的套改工作。此次改革试点涉及公安警员两个职务序列，在涉改的 26 家单位、5967 人中，除去见习、调出、立案调查等 222 人外，完成 5745 人的套改审批，处级层面 425 人得到晋升，这是近三年来的重大突破。

第三，服务干部队伍建设大局，进一步提高公务员管理精细化科学化水平。一是优化公务员选拔机制。2016 年至 2017 年，通过公开招考的形式共录用公务员 1885 人，其中社会公开招录 1532 人，特殊职位招录 44 人，警校生 309 人。新录用公务员的学历层次、综合素质不断提高，为公务员队伍输送了新鲜血液；进一步放宽招考职位专业设置，"千里挑一"火爆职位层出不穷、竞争激烈；区及乡镇新录用公务员的比例不断提高，树立了良好的基层导向，促进了人才资源的合理配置。二是拓宽选人渠道促进干部交流。落实上级有关规定，加强调研、主动上门服务，即时解答政策、指导业务办理，推进党政机关重要岗位干部交流、轮岗。三是加强公务员登记管理，及时进行数据更新，动态掌握全市公务员的情况。2016 年至 2017 年，共办理公务员登记近 1800 人，认真核对，规范无误。四是重视公务员信息统计分析工作，及时把握公务员调整情况和各级班子配备情况，为领导决策提供依据。五是提高公务员考录工作信息化水平，基本完成了考录业务流程电子化平台中心端、单位端的设计测试，极大提高了工作效率。同时整合南京人事人才信息系统资源，将考录、职位管理、奖惩等各项公务员管理职能，实现业务协同、数据共享、无缝对接、全程动态管理。

（六）推进人事机制改革，形成充满生机活力的人事管理制度

"十三五"发展规划重点对事业单位人事制度和退役军官安置制度提出要求。经过两年多的建设，已见成效，顺利完成了预定的任务和目标。

"十三五"前期事业单位人事制度改革重点放在不断完善岗位管理、人员聘用和公开招聘三项基本制度上，逐步建立了符合事业单位运行特点和人才成长规律的事业单位人事管理制度。按照"按需设岗、按岗聘用、竞聘上岗、合同管理"的原则，进一步完善岗位设置核准备案制度，充分发挥岗位管理制度的基础性作用；按照"动态设岗、实时管理"的要求，健全岗位动态管理机制，对涉及职能、编制变动的事业单

位，做到及时变更、及时核准，不断完善岗位管理制度。不断完善合同管理制度，全面实行人员聘用制度，充分发挥聘用合同在事业单位人事管理中的基础性作用，使聘用合同成为事业单位人事管理的基本依据，维护事业单位广大职工的切身利益。严格规范公开招聘制度，按计划实施招聘工作。工作中坚持公告核准和分类指导，结合行业特点，根据行业需要，组织好事业单位赴外招聘，满足对高层次紧缺专业性人才的需求；不断提升公开招聘科学性，配合服务各行业主管部门探索本部门岗位招聘办法，灵活采取降低开考比例、合并岗位招聘的方式，保障基层医疗卫生、教育等机构单位的进人需求。鼓励符合条件的专技人员创新创业，激发事业单位专技人员科技创新活力；同时加大对区级事业单位专技人员创新创业的政策指导，进一步推动事业单位专技人员创新创业工作。

优化以政策扶持、平台构建和培训孵化为主体的军转干部安置机制，落实好军转干部安置工作。完善安置办法，改革营职及以下干部安置办法，组织开展营职（含技术十级）及以下军转干部免试安置到公安基层单位双选工作。"十三五"前期着力抓好重点对象和保底人员的接收安置工作，全面完成各年度安置任务。2016 年至今，共接收自主择业军转干部 876 人，接近前面历年接收人数的总和，占全省接收总人数的一半以上。近年来，自主择业转业干部群体被纳入就业创业政策考虑的对象，先后出台了一系列优惠政策，为自主择业转业干部群体就业创业打牢基础。2016 年以来，在各区设立就业创业服务窗口，帮助自主择业军转干部落实各项就业创业优惠政策，协助有创业意愿的自主择业军转干部解决资金、场地、税收等各方面问题，为选择就业的自主择业军转干部协调医保转换、养老保险缴纳、档案转接等各项工作，真正做到让好政策"落地生根"，激发自主择业军转干部创新活力。为实现自主择业军转干部更高质量和更加充分就业，不断构建和完善就业平台，目前已建立起网络推介平台、现场对接平台和个体重点推荐平台，让传统服务模式和网络服务模式有机结合，为自主择业军转干部提供全方位就业推介服务。

（七）继续保持和谐稳定的劳动关系

两年来，人力资源和社会保障局深入贯彻落实《关于构建和谐劳动关系的实施意见》，以深化和谐劳动关系创建为载体，不断提升劳资纠纷调处能力，切实维护劳动者合法权益，规模以上企业劳动合同签订率、劳动人事争议仲裁案件结案率、劳动人事争议仲裁调解成功率和劳动保障监察举报投诉案件按期结案率等规划指标达到预期目标。

收入分配是民生之源。两年来，南京市人力资源和社会保障局重视企业工资分配宏观调控工作，积极创造条件，促进企业工资适度增长，维护劳动者合法权益。健全工资正常增长机制，落实最低工资标准，职工月最低工资标准从"十二五"末的 1630 元提高到 1890 元。开展最低工资政策实施效果评估专项调查和企业薪酬调查工作，为企业工资分配宏观调控决策和分类指导提供依据，开展制造业人工成本监测试点，动态掌握企业人工成本变动情况。持续开展"春季要约"活动，推进区域性、行业性集体协商，推动工资集体协商提质扩面。协助推进国有企业负责人薪酬制度改革。

依法规范企业用工管理。加强企业劳动合同管理，继续强化劳动用工备案，指导并督促企业完善规章制度，依法用工，努力消除企业劳动用工方面存在的潜在风险。完善劳动关系监测预警机制，每季度综合收集 12333、12345、信访、监察、仲裁等信息，分析趋势，主动预测，及时防范。高度关注化解过剩产能、化工产业"四个一批"和"263"计划等企业，为企业关停并转迁职工分流安置提供服务，妥善处理劳动关系。加强劳务派遣法律法规的培训宣传，认真做好全市劳务派遣单位年度核验工作。"十三五"以来，全市规模以上企业劳动合同签订率达99.99%，建会企业集体合同签订率达99%。

深入开展和谐劳动关系创建活动。"十三五"前期宣传贯彻《关于构建和谐劳动关系的实施意见》，引导各类企业参与和谐劳动关系创建，努力提升创建工作水平；完善由市领导任主任的协调劳动关系三方委员会，为和谐劳动关系创建活动的深入开展提供组织保障。市协调劳动关系三方委员会印发《关于深入推进和谐劳动关系创建活动的通知》，明确创建和谐劳动关系的目标任务、工作职责，对和谐劳动关系创建活动进行全面部署。积极开展省级和谐劳动关系综合试验区和示范园区创建工作，中国（南京）软件谷、南京未来科技城分别被认定为江苏省和谐劳动关系综合试验区和江苏省和谐劳动关系示范园区。

完善劳动人事争议调处机制。"十三五"前期继续坚持预防为主、基层为主、调解为主的工作方针，全面强化调解组织标准化建设，巩固省级示范仲裁院和优秀基层调解组织创建成果，继续抓好基层调解组织尤其是街镇调解组织标准化建设。实行案件繁简分流、调裁并举、快审快裁办案新模式，完善劳动人事争议仲裁办案机制，提高办案质效。截至2017年年底，立案处理案件结案率达100%，劳动人事争议调解成功率为89.1%。

维护保障劳动者合法权益。采取深入现场宣讲、提供免费咨询、发放宣传手册、利用公共媒体和网络平台等方式，加强劳动保障法律法规和维权知识宣传，多渠道为各类劳动者提供维权服务，积极引导用人单位依法用工，提高广大劳动者运用法律武器依法维权的意识。积极开展执法维权服务，认真做好劳动保障举报投诉案件的受理、立案、调查、处理等工作。及时查处各种违反劳动保障法律、法规案件，切实维护劳动者合法权益，做到有报必查，有查必果。进一步完善了劳动保障监察案件审查和纠正机制，加大执法力度，规范执法行为，杜绝劳动保障监察案件线下操作；统一执法标准，提升执法能力，提高案件办理的程序化、规范化水平。截至2017年年底，劳动保障监察案件结案率达100%，目标人群覆盖率达100%。

（八）极大提升了公共服务均等化水平

"十三五"中期涉及公共服务均等化的三个考核指标，分别是社会保障卡持卡率、基层公共服务平台专职工作人员配备率和基层公共服务平台工作人员持证上岗率，据统计，截至2018年6月，这3个指标均达到 100%，达到预期目标。

"十三五"前期构建了市、区统一的人力资源和社会保障城乡一体化信息应用系统支撑平台。以全市人力资源和社会保障业务一体化、数据大集中、应用一卡通为目标，统筹建设覆盖社会保险、就业创业、人事人才、劳动关系等业务范畴，具备业务经办、信息监测、监督管理、决策支持、公共服务五类应用系统，覆盖全市城乡、运行高效、安全稳定的信息化体系，实现跨区域、部门的信息共享和业务协同。以"互联网＋人社"理念，加强基于互联网的多渠道公共服务体系建设，经过近年来的积极努力，南京人力资源和社会保障城乡一体化信息系统（简称金保二期系统）于 2018 年 5 月成功上线，标志着南京人力资源和社会保障信息化达到新的高度。

增强了人才公共服务能力。通过强化政府人才公共服务职能，加强人才公共服务体系建设，建立健全信息共享、服务协同的一体化平台，加强线上线下服务渠道的有机衔接，推动了人才公共服务均等化、标准化和信息化建设。整合线上线下资源，服务事项网上全覆盖。中心档案管理、人事代理、人才招聘、继续教育、职称评介等 74 项服务实现了网上办理，实现了事项网上预审、业务网上办理、信息网上查询、疑问网上解答和进度网上告知。9 种档案证明可以在网上直接申报、打印，并且可通过网站、手机二维码和咨询电话 3 种方式查询证明真伪。网上人才市场和现场招聘实现了信息一次录入，同时使用。整合市区资源，人才服务"一点受理、多点办理"。实现了 14 家市区（园区）、70 余万份人事档案业务数据、服务内容和服务流程的统一。服务对象在全市任何一个人才中心服务窗口都可办理档案查询、出具档案证明材料、复印档案材料等事项。整合传统媒体和新媒体资源，人才服务"随身行"。人才中心官方微博年发布 2000 条信息，关注人数 17 万人。官方微信公众号关注人数 1.7 万人，每年在线实时解答服务对象提问 3 万条。整合政府和高校资源，政策服务集成推送。2017 年，南京被列为全国唯一的高校毕业生精准服务平台试点城市，人才中心与各区（园区）、高校和企业广泛对接相关工作，取得初步成效，400 多家企业和 10000 多名毕业生的对接信息已入库。

"十三五"前期全力推进基层服务平台标准化建设。不断健全基层就业服务工作体系，积极推进省级人力资源和社会保障标准化建设活动，发挥人力资源和社会保障基层所站的积极作用，推进城乡就业服务均等化。贯彻实施基层公共就业服务标准，推进基层人力资源和社会保障工作平台规范化、专业化建设。面向全市 100 个街道（镇）、1251 个社区（村）人力资源和社会保障基层平台，启用实施《南京市人力资源和社会保障基层平台建设标准和服务规范》，进一步提升人力资源和社会保障基层平台标准化、规范化水平，截至目前，标准化街道（镇）平台建成率达 99%，标准化社区（村）平台建成率达 93.7%。不断加强"新南京人服务中心"建设，打造农民工综合服务中心示范点，强化落实公共就业管理服务制度，积极为促进农民工和外来务工人员实现更高质量就业提供便捷、高效、优质的"一站式"综合服务。实现高校就业创业指导站全面覆盖。全市 53 所高校就业创业指导站，为大学生提供就业创业一站式服务，深度渗透，精准发力，全方位帮助大学生及时了解最新的就业创业政策和招聘活动信息，提供就业创业指导服务。

三　重点项目评估

（一）就业模块

"十三五"发展规划中设计的 4 个就业促进项目，正在按计划进行之中。4 个定量化指标全部完成中期预定目标，其中培育自主创业者指标的完成数量远远超过原定目标，提前三年完成"十三五"目标，显示了人力资源和社会保障局对就业创业工程的重视和较强的政策执行力。

高校毕业生就业创业行动计划。2016 年以来，南京力推青年大学生创业引领计划，不断完善和鼓励扶持青年大学生创业政策，把青年大学生作为创业的最重要群体，打造全国大学生创业首选城市。2018年，提出实施青年大学生"宁聚计划"，列入"市委一号文件"并以配套细则于2018年正式发布执行。据统计，截至2018年6月，南京共培育扶持青年大学生创业1.51万名；2016年至2017年，市获批遴选资助青年大学生优秀创业项目584个，资助金额达14595万元；2018年一季度，新评审优秀项目59个，其中新兑现10万元资助等次25人。

（二）社保模块

积极推进全民参保计划，制定出台《南京市全民参保登记管理办法》，开发了"南京市全民参保登记电子地图"，促进全民参保登记工作的常态化、制度化管理，实现了对参保登记人员的全员管理、动态管理、精确管理。结合"多证合一"系统和市人力资源和社会保障、财政、地税三方协同平台，建立未参保系统跟踪机制。全民参保计划实施以来，为社会保险扩面征缴工作打开了新局面。

城乡社保体系建设项目进展顺利，各个目标按计划落实到位。不断推进职工五项保险的市级统筹，继2015年实行工伤、生育保险市级统筹后，2016年实现医疗保险市级统筹，并在省内率先实现了职工五项保险的制度政策、基金管理、经办服务和信息系统的四个统一。稳步推进城乡医保整合，逐步推进城乡医保经办的统一规划、统一标准和统一管理。逐步建立了城乡居民基础养老金的正常调节机制。同时积极推进机关事业单位养老保险改革，取得一定成效。

社保服务提升工程针对老百姓的社保服务需求，通过开展社会保险社会化服务、构建便民服务网络、"智慧社保"建设等工作抓手，大幅提升了社会保险的公共服务能力，让市民享受到优质、快捷、高效的服务。

（三）人才模块

坚持以市场为主、政府辅助引进人才，聚力高层次创业人才、高端人才团队和高技能人才队伍建设，取得阶段性收获。据统计，截至2018年6月，在南京地区创业创新的留学回国人员达到3.4万人，常住外国人达 1.7 万人，引进外国专家 3289 人。2016 年至 2017 年，通过选拔、竞争、优选和引进 51 个高端团队 165 位成员成为高层次人才。高技能人才对接"中国制造 2025"战略，适应南京经济转型、产业升级，全面推进高技能人才培训工作，扩大了高技能人才队伍，优化了高技能人才结构，完成"十三五"中期预定目标。

（四）公共服务模块

1. 金保二期

代表南京人力资源和社会保障信息化新高度的南京人力资源和社会保障城乡一体化信息系统（简称金保二期系统）于 2018 年 5 月成功上线，达到南京人力资源和社会保障信息化"十三五"规划阶段性目标。

2. 技师学院二期扩建工程

南京技师学院二期工程（综合教学楼）项目相继完成了规划、审图、招标等各项前期工作，并通过公开招标确定了项目的设计单位、招标代理单位、跟踪审计单位、监理单位、施工单位，于 2017 年 12 月 24 日正式进入实施阶段，现已完成桩基施工工程，进入基础施工阶段。截至 2018 年 6 月累计完成投资 2806.25 万元。扩建工程按"十三五"预设的计划正常推进，已于 2019 年 10 月完成建设。

第三节　存在问题分析

"十三五"前半期的发展为规划纲要全面实现目标奠定了良好的基础，尽管受到环境快速变化、相关制约因素的影响，但是全面、按时完成规划纲要的主要目标与任务是可以预期的。

一　就业创业方面

一是劳动力供需矛盾依然突出。从供给看，南京高校云集，每年高校毕业生总数维持在 25 万人左右，另有数万技工院校毕业生、农村转移劳动力、下岗失业人员。同时，南京作为东部地区中心城市和长三角特大城市的地位凸显和城市吸引力日益提升，加之市委一号文件政策效应显现，外来人口来宁就业发展将持续增多。此外，还要努力拓展就业空间，持续解决好深化军改大局下退役军人、"去产能"分流安置人员等群体的就业再就业问题。从需求看，受国际国内各种因素影响，部分传统企业生产经营面临困难，加之技术进步和"机器换人"，生产方式变革和劳动生产率提高，这些都会直接或间接导致劳动力需求相对减少。供给不减，需求下降，就业总量压力在未来一段时期将持续存在。二是劳动力需求层次与劳动力素质之间的结构性矛盾依然突出。一方面，随着产业转型升级和技术进步，高层次人才和技能人才短缺问题会更加突出，技术技能人才供给不足，与"4＋4＋1"导向的产业发展不匹配；另一方面，一些低技能劳动者和部分高校毕业生就业困难。特别是随着供给侧结构性改革力度加大，势必造成一大批职工转岗就业，其中不少人年龄偏大、技能和经验趋同、转业转岗能力差，就业难问题将更加突出，结构性和摩擦性失业或将增多。传统产业劳动者职业转换能力弱、失业风险加大等，都对做好新形势下的就业工作带来挑战。三是大众创业万众创新还有进一步提升的空间。创业意识有待进一步培育，南京丰富的科教文化资源与开拓创新的创业意识形成了强烈的反差。创业氛围还不够浓厚，鼓励创新、崇尚创业、褒奖成功、宽容失败的创新创业社会氛围还有待进一步营造，全民创业专项活动开展还不够丰富，集中性的、饱和度高的、亮点突出的阶段性活动还比较欠缺。创业公共服务水平还有待进一步优化提升，促进各项创业政策有效落地。

二　社会保障方面

社会保障工作存在两个主要问题。

第一，基金运行整体平稳，但风险不容忽视。一是基金结余总量虽大，但个人账户居多。以市本级职工医保为例，累计结余虽有 171 亿元，但其中个人账户达到 116 亿元，统筹基金结余仅占 32%。二是险种发展不均衡，存在结构性支付风险。职工医保统筹基金近几年仅能维持当期收支平衡，濒临赤字边缘；失业保险基金支付风险加大，2016 年以来南京在连续下调失业保险费率的同时实施稳岗补贴发放工作，2016 年和 2017 年当期分别出现赤字 6.7 亿元和 11.4 亿元；生育保险基金赤字运行，随着二孩政策放开、支付范围扩大以及待遇水平的提高，近年来生育保险基金支出增长迅速，2017 年市财政补助 5.68 亿元后，当期仍有 390 万元的赤字；城镇居民医保基金目前虽有一定结余，但主要是依靠大学生缴费支撑，随着城乡居民医保并轨工作的推进，原新农合群体的待遇水平、三个目录适用范围都将发生较大变化，医疗需求会得到进一步释放，城乡居民医保基金支出将会大幅增加。三是不断上涨的待遇需求与基金支付能力之间不协调，导致社保基金支付压力增大。随着待遇群体的扩大和待遇水平的提升，社保基金的刚性支出不断增加，基金支出规模日益庞大，与此同时，随着经济由高速增长阶段向高质量发展阶段的转变以及社保扩面空间的收缩，社保扩面征缴则从过去"高增长"逐步转向"低增长"，社保基金收入增幅低于基金支出增幅成为一种常态，维持基金投入与支出之间的长期平衡和安全运行的压力日益加大。

第二，社保基金监管难度加大，压力前所未有。随着参保覆盖面的扩大，社保基金的监管压力与日俱增，企业少报漏报缴费基数现象较为常见，恶意骗取社保待遇、违规套取医保基金的现象也时有发生，但各级经办机构工作人员尤其是专业人员短缺、技术手段不完备的现象依然较为突出，加强社保基金稽核监管、防风险反欺诈所面临的形势日益严峻。尤其是医保定点药店监管方面，近年来一直是各级各部门以及全社会关注的重点，但此项工作涉及药店、参保人员、药品医疗器械生产商等多方利益群体，人力资源和社会保障、物价、食药监等部门管理职能交织，定点药店总量 1493 家数量又十分庞大，监督管理难度较大。采取突击检查和巡查相结合、明察与暗访相结合、拉网筛查与"回头看"相结合的方式，每天派出稽查组，对南京范围内的定点药店开展密集检查，其中市区累计检查定点药店 983 家次，按照协议规定处理了 25 家违规药店，其中解除服务协议 3 家，暂停医保服务 22 家；五区累计检查定点药店 764 家次，查处违规药店 32 家。通过高密度、高频率的实地稽查，定点药店的服务行为得到了明显规范，违规行为得到了基本遏制，但是和国家、省、市各级加强医保基金监管的要求相比，管理的力度和管理的覆盖面还有一定差距。

三　人才发展方面

一是专业人才结构失调。从数量上看，相较兄弟城市，专业技术人才队伍总量不占优势，2016 年深圳专业技术人才总量达 144.1 万人次，2015 年苏州专业技术人才总量达 149.6 万人次。从质量上看，专业技术人才队伍中的高层次专家占比有待提升，专家队伍年龄偏大，专业结构分布不够均衡，入选的高层次专家多集中在高校、科研院所及大型国有企业，基层的杰出人才相对匮乏。从专业领域看，医疗卫生、工程技术等传统学科和产业的专家占绝大多数，新兴产业类、金融管理类、创新创业类方面的专家较少。二是技能人才发展滞后。技能人才培养质量与产业转型发展、与实现"中国制造 2025"目标存在较大差距。培养的起点较低。技工院校作为技能人才培养的源头，生源质量堪忧，企业招工的对象也大都层次较低，这些都导致技能人才的成长高度严重受限。技能人才发展不均衡。南京产业偏弱，企业主体不强，难以满足更大体量、更高层次的技能人才承载需求。这一现状，直接导致南京产业聚才能级相对偏弱，技能人才大多集中在省、部国有经济单位，市、区及民营经济集聚度较低，技能领军人才短缺且分布不均。三是人才服务平台建设有待加强。博士后平台建设滞后。目前深圳博士后设站单位已达 225 家。截至 2016 年年底，苏州在站博士后 352 人，2020 年计划建成博士后工作站点 500 个，招收博士后 1000 人。博士后工作面临"前有标兵、后有追兵"的状况，需加强政策引领，加大资金投入，提升博士后工作站的建设力度和水平。专家服务基层欠缺。随着产业转型升级，企业特别是中小型企业对引进高层次专家的需求日益迫切，但企业与专家之间存在信息不对称、融合度不高的问题，彼此之间缺乏产学研合作平台，急需加强相关的政策引导和支持。

四　劳动关系方面

当前和今后一个时期，全市劳动关系总体和谐稳定的态势良好，但也潜在各种风险隐患，劳资矛盾多发易发的态势并没有发生根本性改变。欠薪问题依然存在且往往与股权争议、工程款结算纠纷、化解落后产能等相伴，导致问题复杂化。农民工工资支付情况自2017年起正式列入国务院对各省、省对各市的政府考核，目前虽总体情况良好，但不可掉以轻心，需时刻关注新情况新问题新变化。调结构、促转型，去库存、去产能政策的实施易引发新的结构性失业，延伸到劳动关系领域易产生新的波动。新业态、分享经济等的快速发展给劳动关系带来新的冲击，对现有用工制度提出新的挑战。"全面两孩"政策和产假延长给女职工劳动关系调整带来新的影响，女性甚至从一开始就难以入职。这些劳动关系领域的新老问题交织并存，需要深入研究、主动应对、跟踪预警、重点施策。

第四节　发展规划后期面临的新趋势

一　高质量发展对人力资源和社会保障事业的影响与促进

在《南京市"十三五"人力资源和社会保障发展规划》制定后，我国经济社会继续平和稳定发展之际，中国共产党第十九次全国代表大会于2017年金秋顺利召开，宣告中国特色社会主义进入了新时代，标志着人力资源和社会保障事业发展站在了新的历史阶段。党的十九大报告指出我国社会主要矛盾已经转化为人民日益增长的美好生活需要和不平衡不充分的发展之间的矛盾，不仅对物质文化生活提出了更高要求，而且在民主、法制、公平、正义、安全和环境等方面的要求也日益增长，这种社会主要矛盾的历史性变化对人力资源和社会保障事业发展提出了许多新要求与新期待。党的十九大报告和 2018 年习近平总书记在两院院士大会上的重要讲话使南京在"十三五"人力资源和社会保障发展规划执行期间发生了重量级新变化，高质量发展、人才强国战略和就业优先战略等国家级战略将影响规划后期目标和任务的完成。

（一）高质量发展要求高质量人才供给

所谓高质量发展，就是能够很好满足人民日益增长的美好生活需要的发展，是体现新发展理念的发展，是创新成为第一动力、协调成为内生特点、绿色成为普遍形态、开放成为必由之路、共享成为根本目的的发展[①]。转向高质量发展阶段，一是经济发展水平提高之后的必然。过去是短缺经济，主要应该用速度加快解决"有""无"的问题；现在是过剩经济，必须开始用质量去解决"好""坏"的问题。二是保持经济持续健康发展的必然。我国的供给体系如果不能提高产出的质量，那么日益增长的民众需求很大一部分就会转移到国外，从而导致国内产能进一步严重过剩，不能实现再生产的正常循环。三是缓解新时代我国社会主要矛盾的必然。现在民众期盼有更好的教育、更稳定的工作、更满意的收入、更可靠的社会保障、更高水平的医疗卫生服务、更舒适的居住条件、更优美的环境、更丰富的精神文化生活，没有高质量的经济体系来提供相应的产品和服务，社会主要矛盾就会加剧，摩擦就会增加，社会发展就不稳定。推进高质量发展，人力资源和社会保障事业要有新思路和新方法[②]。

高速增长阶段转向高质量发展阶段的历史性转变要求人才建设也必须实现相应的理念更新和机制变革，以更高的效率和更高质量的供给，为高质量发展提供高质量的人才队伍支撑。一是以"创新"理念作为人才建设的核心引领，激发和保护企业家精神，建设知识型、技能型、

---

① 人民日报社论：《牢牢把握高质量发展这个根本要求》，2017 年 12 月 20 日。

② 刘志彪：《强化实体经济推动高质量发展》，《产业经济评论》2018 年第 3 期。

创新型劳动者大军，培养造就一大批具有国际水平的战略科技人才、科技领军人才、青年科技人才和高水平创新团队，重视增强科技创新和人力资本提升的"乘数效应"，提升投入产出效率和全要素生产率，摆脱传统的"要素驱动"，实施以人才资源为核心的"创新驱动"战略，推动经济转向高质量发展。二是为实体经济提供人才资源的坚实支撑。人力资源是构建现代化经济体系不可或缺的核心要素，通过将人力资源与实体经济、科技创新、现代金融等结合起来统筹考虑，培育人力资本服务等新增长点，不仅将增强经济创新力和增长可持续性，而且将为全球企业创造新机会，为世界经济注入新动力。

（二）高质量发展要求实现高质量就业

党的十九大报告指出，就业是最大的民生，未来就业工作的总体要求是实现更高质量和更充分就业。这为如何做好就业工作指明了方向，同时也阐明了在社会主要矛盾转变背景下，就业领域的主要任务已经从仅注重数量阶段提升到了更加注重质量的新阶段。

新时代就业问题的现实基础是我国社会主要矛盾的新转向，社会主要矛盾已经由较低层级供需矛盾转化为中高层级供需矛盾，由过去的数量供需矛盾转向质量供需矛盾。人民日益增长的美好生活需求主要体现在：一方面，需求内容更加丰富，不仅满足于物质文化生活的基本需求，更对个人全面发展和社会全面进步提出了更高需求；另一方面，需求层次明显提升，开始追求体面的工作、满意的收入、优质的教育和医疗卫生服务等。随着百姓需求层级越高，对社会的挑战也越大。不平衡不充分的发展主要体现在：一方面，经济结构不平衡问题十分突出，集中体现在区域、城乡、群体之间发展不平衡；另一方面，各领域发展不充分问题长期存在，主要包括效率提升不充分、有效供给不充分和制度创新不充分。随着民众对美好生活需求内容的增加和层次的提高，就业这一最大的民生问题与人民福祉的联系会愈加紧密，提升就业质量成为新时代改善民生的必然要求。

将实现更高质量和更充分就业放在就业工作首位。更高质量和更充分就业目标是一个整体，是促进就业工作的总要求。它要求随着经济社会发展、劳动生产率提高以及科技进步，劳动者的劳动报酬水平、社会保障水平不断提高，职业安全等工作条件不断改善，就业的稳定性得以保持，劳动者的权益得到保护，劳动关系更加和谐稳定。与此同时，通过发展经济创造更多就业机会，改善就业结构，提高劳动者素质，消除劳动者流动障碍，优化就业创业服务，使劳动者能够获得更加充分和公平的就业机会和职业发展机会，使人力资源和其他资源不断得到优化配置，进而使劳动者及其家庭的获得感、幸福感、安全感更加充实、更有保障、更可持续。

更高质量就业目标既是一个目标集，又是一个发展趋势，主要包括以下几方面内容。保持较高的劳动生产率增长率，并达到较高水平。既加速缩小与发达国家的外部差距，也逐步缩小不同产业劳动生产率的内部差距，特别是缩小农业与其他产业之间劳动生产率的差距。保持较高的总人口就业率。通过创造更灵活的就业市场，鼓励各种形式的创业和就业，逐步延迟退休年龄，使这一就业率达到 55% 左右，以抵消劳动年龄人口占总人口比重下降趋势。[①] 保持较高的就业市场灵活性。健全市场调节就业机制，实行积极就业政策，消除各类歧视性、体制性障碍，促进公平就业、体面就业，实现劳动者各尽其能、各有其岗，用人单位岗得其人、人尽其才的良性就业局面，促进就业结构不断优化。

实现更高质量和更充分就业需要全社会的共同努力，同时应坚持突出重点、完善制度、引导预期，增加广大劳动者的获得感、幸福感、安全感，促进社会公平正义。

（三）高质量发展要求更可靠的社会保障

党的十九大报告确立了以人民为中心的发展思想，提出从追求经济高速增长转向高质量发展，使具有中国特色的社会保障体系建设的目标更加清晰。"更可靠社会保障"已成为新时期人民群众对更加美好生活

---

① 胡鞍钢、杨竺松、鄢一龙：《就业发展"十三五"基本思路与目标——构建更高质量的充分就业型社会》，《北京交通大学学报》（社会科学版）2015 年第 1 期。

的诉求。

构建具有中国特色的社会保障体系需要澄清客观上存在的认识误区与观点分歧。如有人不是真正考虑这一制度的长远发展与人民的世代福祉,而是将社会保障转化成短期政绩工程或者简化成为百姓做点好事,导致个别保障项目或者特定群体的福利不断膨胀;有人崇尚自由主义与利己主义,迷信市场与私有化,坚持反福利主张,甚至主张基本保障制度也要市场化、私人化;这两种扭曲社会保障制度客观规律和不尊重发展变化中的中国国情的主张,均有一定的市场,并在一定程度上影响到社会保障政策的选择与实施。党的十九大报告是一个完整的思想体系与行动纲领,决定了社会保障不仅关乎基本民生的保障,更是满足城乡居民对美好生活的需要和维系全体人民走向富裕的重大制度安排。居于基础地位的是以人民为中心的发展思想、共同富裕的发展道路和增进民生福祉的发展目的,这是我国社会保障体系建设的出发点。党的十九大报告强调"加强社会保障体系建设",明确提出"按照兜底线、织密网、建机制的要求,全面建成覆盖全民、城乡统筹、权责清晰、保障适度、可持续的多层次社会保障体系"。即是明确要求尽快健全社会保障体系,所要达到的目标正是真正解除城乡居民的生活后顾之忧并为全体人民提供稳定的安全预期。

实现更可靠的社会保障目标需要转变社保发展理念,用公平、正义、共享的价值理念指导建设多层次的社会保障制度;需要按照"织密网"的基本要求,聚焦那些尚未参保群体,通过合理的制度安排和政策创新,引导他们有序加入社保安全网中来,通过制度创新和优化,着力提高城乡居民的保障水平,缩小居民与职工之间的待遇差距,推动社会保障从"人人享有"向"人人公平享有"迈进;需要提升经办管理水平,通过改进管理体制机制、优化服务流程、加强部门协同、健全公众参与,以及推进服务标准化、信息化和规范化等,切实增强社会保障经办管理系统性、科学性、高效性和便捷性,共同打造人们满意的社会保障服务管理体系;需要提前做好政策储备,多管齐下,制定有针对性的政策举措，以确保基金安全和制度长期可持续运行。

二　从区域人才争夺到营商生态环境打造的转变

不同经济发展阶段对于劳动力的需求与标准是不一样的，必然要与时代变迁、技术进步与产业替代升级等相适应。改革开放以来，我国区域经济发展从"富起来"进入"强起来"阶段，相应的劳动力的分布与流动，从上一轮以农民工为主体的"一江春水向东流""孔雀东南飞"即从中西部地区涌向东部沿海区域的人口大规模移动初期阶段，转变为近期的人才争夺战。探究从人口争夺到人才争夺的转变原因，有学者认为是我国开始进入人口老龄化时期，为经济发展提供大量廉价劳动力的人口红利时代即将结束，与此同时软件业、电商平台、生物医药等战略性产业或新业态的兴起对人口的质量要求胜过数量的堆砌，尤其是大城市的经济转型升级、创新驱动发展战略更需要高层次人才和技能人才的支撑，因此，新时代人才在各个区域加速流动和"回流"互动将是"十三五"规划后期面临的新趋势。

区域人才竞争日益激烈，大都市人才争夺战持续火热，各地在招才引智中不断出台新政，"一山更比一山高"，释放出强烈的爱才惜才信号，更凸显出人才在新一轮改革发展"棋局"中的极端重要性。

2018年3月，上海发布《上海加快实施人才高峰工程行动方案》，"量身定制、一人一策""实施高峰人才全权负责制"等政策引人注目；北京发布《关于优化人才服务促进科技创新推动高精尖产业发展的若干措施》，在人才的引进、评价、激励等方面打出"组合拳"；武汉发布《关于大学毕业生租赁房相关政策的解读》，提出毕业3年内的大学生，拥有武汉市户籍且家庭在武汉无自有住房的，均可申请租赁大学毕业生租赁房，并确保低于市场价20%，如属于合租的可低于市场价30%。广州、宁波、海口、郑州、西安、南京、成都等地近期也纷纷放出引进人才大招。广州提出进一步修订落户政策，构建以"引进人才入户为主体，积分制入户和政策性入户为有效补充"的落户政策体系，大力吸引高校毕业生、技术工人、职业院校毕业生和留学归国人员等高层次人才、技能人才、创新创业人才、产业急需人才。宁波大幅降低人才落户门槛。大专应届毕业生在宁波可先零门槛落户后再就业，取消住房和工作限制；中专、高中学历在宁波工作满两年，无房也可以落户；购房落户取消原100平方米面积要求和45周岁以下年龄要求。海口在企业和人员落户、人才激励、住房保障等方面出台政策，开展高层次人才、紧缺人才引进计划，开通高校青年引才直通车。

纵观各地出台的"揽才新政"，政府均着眼于宽松落户、就业创业激励、优惠住房政策、现金补助等"政策红包"。这些政策在一定程度上加速人才的集聚，比如武汉，2018年一季度，近10万大中院校毕业生留汉创业，落户3.9万人。但这些政策过于同质化，容易复制，过度竞争容易造成人才资源的浪费，也会增加地方财政负担，也可能造成潜在的人才回流。因此，需要认清人才争夺、博弈的本质，人才不是靠抢来的，而是引来的，更需要靠一个良好的营商环境留住人才。

三　人才全球化对人力资源和社会保障事业的机遇与挑战

随着全球化的发展，跨越国界和地域的人的流动，人文、社会的相互依存成为全球化的显著特征，不仅表现在全球人才竞争的日益激烈，我国"人才磁场"效应日趋强大，还表现在出入境旅游、留学、创业等方面，与此同时，国际移民也因发达国家的"逆全球化"潮流而出现新趋势。2018年4月，国家移民管理局挂牌成立，成为我国推动人才全球化发展的新标志。

人才全球化具有三个明显趋势：一是，人才流动全球化。全球经济增长多元化发展驱动形成"人才环流"，人才流动不再是简单的单向流动，而是人才"走出去""引进来"的多重流动。伴随这一趋势出现的是人才流动虚拟化比重加大，人才在地理空间转向虚拟空间，工作的模式多变。典型的就是现在国际用工形势发生了由"朝九晚五制"转向"灵活用工"的变化。二是，人才竞争全球化。国与国之间的竞争归根结底是人才的竞争，特别是一些高精尖缺人才导致了全球各优秀公司之间的竞争，实际上是中国企业和全球优秀公司的竞争。三是，人力资源服务全球化。人才流动，人才竞争全球化背后，需要人力资源服务全球化的支撑。

南京人力资源和社会保障事业"十三五"规划各项任务和工作将秉承人才全球化理念以开放包容姿态主动融入全球生产网络和全球创新网络，借鉴发达国家引进、使用、管理人才的先进理念和制度体系，提升南京的全球人才磁场效应，推动南京在世界产业链和价值链中地位的攀升，促成规划目标的晋升。

（一）人才发展战略体现政府主导与市场力量相结合的特征

美国、加拿大、英国、德国等发达国家已经具备成熟的市场机制，但在国际人才战略制定和实施过程中，政府发挥主导作用。比如美国根据本国的国家利益和市场需求制定和调整人才政策，既设置临时工作签证以应对短期人才需要和人才环流，又设置劳工证确保移民与本土人才互补，同时避免部分"临时居民"转为永久居民成为美国的负担，实质上美国的人才战略主要以政府为主导，通过不断完善移民法律体系，执行严格的职业移民审批制度以及实施高层次人才临时工作签证等措施，根据美国稀缺的人才需求划分不同的人才层次设置不同的待遇，体现了典型的为人才竞争服务的移民制度。与此同时，美国政府又通过本国的跨国公司、海外研发机构等机构运用市场力量和渠道引进人才为本国服务。随着市场机制的不断完善，发达国家企业日益发挥引进国际人才的作用。例如美国充分发挥跨国公司和智库的作用，积极吸引和储备国内外人才；2003年德国在美国成立的"德国学者协会"等民间团体，为优秀人才回德国工作牵线搭桥；新加坡政府在海外设立12个"联系新加坡"联络处，专门从事海外人才招聘工作；韩国政府鼓励本国跨国公司在海外设立研发中心，使之成为韩国吸纳人才的中心，据统计，仅三星公司就雇用200多名在美国获得博士学位的韩裔科学家。

（二）优越的人才政策产生了较强的人才竞争比较优势

美国学者佛罗里达指出，创新城市建设需要三个"T"，即人才（Talent）、技术（Technology）、宽容（Tolerance），人才成为创新城市不可或缺的组成部分。美国竞争力委员会认为"人才驱动型创新"成为驱动未来十大因素之首，吸引、集聚和留住人才对未来发展的重要意义日益凸显。当前，新一轮科技革命和产业变革的方向日益清晰，全球创新竞争日趋激烈，人才、资本、市场、专利等成为世界各国竞相争夺的战略资源。在新趋势和格局下，各国纷纷进行战略谋划，力求在国际人才竞争中赢得优势而吸聚优秀科技人才。在这场没有硝烟的人才争夺战中，发达国家凭借条件优越的人才政策以及良好的创新创业环境，显示了人才吸引的主动性和较强的人才竞争实力。

美国在人才竞争战略调整中，非常重视人才政策的调整和优化。美国是最早实行绿卡制度与人才战略相结合的国家之一，1952 年出台的《移民法》，就强调技术移民，此后又进行多次修改，2011 年通过一项吸引高学历移民的法案，将在 2015 年完全取消职业移民的国家配额上限，旨在吸引来自中国和印度等国的高技术人才。此外，美国通过《竞争法》，加强科学、技术、工程和数学（STEM）教育人才培养；发布《美国创新战略：推动可持续增长和高质量就业》《美国创新战略：确保经济的增长与繁荣》，建立国家制造业创新学院，鼓励人才创新；通过《乔布斯法创业企业扶助法》，简化新兴成长公司"首次公开募股"的发行程序，重新唤起创新创业精神，推动人才创新创业；通过《梦想法案》《初创法案》等移民改革法案，为外国理工科毕业生留在美国定居、工作和创业提供便利，帮助非法移民子女获取正式居留身份，设立创业签证、实施企业家居留计划、开辟企业家通道、新设新创精英移民签证等，以此抢占人才先机。

欧盟人才发展则重点加强了以下工作：通过"伊拉斯莫世界之窗计划""让·莫内计划""全民伊拉斯谟计划"，加强欧盟及非欧盟人才培养，提高人才知识能力；通过"欧盟框架计划"，启动"2020 地平线"

计划，加强科技人员国际合作交流，促进产学研合作，推动人才创新发展；通过设立欧盟"蓝卡"、明确蓝卡待遇，完善学术管理、科学家签证、项目资助、优厚薪资、税收优惠等政策，加大人才引进力度。显然，南京要建设具有全球影响力的科技产业创新高地，必须在包括科技工作者在内的科技创新人才队伍建设、管理机制、环境建设上多多着墨、先行一步，才能积累比较优势，实现跨越发展。

（三）优质国际化教育资源对优秀留学生产生强大吸引力

扩大国际留学生规模，留住外国优秀留学生就业、为己所用，是发达国家和地区人才开发的一个重要举措。外国留学生具有自身优势，比直接引进的外籍人才更熟悉引进国国情，相对本土人才则节省了义务教育阶段的培养成本。因此，许多国家都把招收留学生作为补充人才资源的重要手段，有条件地提供奖学金或助学金，在签证和移民等方面提供便利。目前，美国、欧盟、日本、韩国等国都加大了这方面的工作力度，旨在吸引更多优秀的留学生。

美国高等教育投入占全球高等教育投入的40%，拥有的世界一流大学的数量和整体教育实力位居世界第一。长期以来，美国一直是全世界外国留学生数量最多的国家。美国国家科学基金会设立各类奖学金吸引国际留学生，如"总统青年科学家奖""工程创造奖""国家技术奖"等。通过各种奖励，促使各类人才在学业上有所建树，安心进行学习和科研。海外留学生给美国也带来巨大经济收益。根据美国国际教育协会的统计，2010—2011年来自世界各国的留学生为美国带来的学费和生活费的直接收益达到202.3亿美元。为了留住最优秀的人才，美国政府不遗余力，实施很多优惠政策措施。针对所有在美国大学获得硕士或以上学位的科学、技术、工程、数学教育的外国学生，即使H-1B签证申请名额已满，每年还允许特批两万个名额。此外，杰出的外国留学生可以直接申请绿卡，通过"杰出人才"或"国家利益豁免"类别成为永久居民。

加拿大的高等教育世界闻名，以及较为宽松的移民政策，吸引众多海外留学生到加拿大留学。2008 年为吸引更多留学生及鼓励留学生就业，加拿大将留学生毕业后的工作许可年限延长为 3 年，毕业生工作领域不再局限于所学专业，毕业后在任何领域找到工作都适用该政策；毕业后学生不必获得公司的录用就可以得到工作许可，而以往留学生只有在找到工作后才能申请工作许可。

第五节　推进"十三五"人力资源和社会保障发展规划后期有效实施的对策建议

"十三五"下一阶段规划的实施，应以习近平中国特色社会主义思想为指南针，以人民为中心的发展取向作为推进社会保障体系建设新的时代背景，深入贯彻实施党的十九大提出的"人才强国战略"和"创新驱动战略"，突出抓重点、补短板、强弱项，提高保障和改善民生水平，坚守底线、突出重点、完善制度、引导预期，完善公共服务体系，保障群众基本生活，不断满足人民日益增长的美好生活需要，使人民获得感、幸福感、安全感更加充实、更有保障、更可持续。

一　构建扶持就业创业的长效机制，实现高质量就业

党的十九大报告中明确指出，就业是最大的民生，放在改善人民生活的首位。"十三五"下一阶段的规划实施要落实《印发〈关于建设具有全球影响力创新名城的若干政策措施〉的通知》（宁委发［2018］1号）、《市政府关于做好当前和今后一段时期就业创业工作的实施意见》（宁政发［2017］243 号）、《市政府关于进一步做好新形势下就业创业工作的实施意见》（宁政发［2015］271 号）等文件精神，坚持就业优先战略和积极就业政策，对标找差、创新实干，鼓励创业带动就业，提升全方位公共就业服务，畅通劳动者流动通道，促进高校毕业生等青年

群体、农民工、就业困难人员多渠道就业创业，促进富民增收，推动南京实现更高质量和更充分就业。

（一）加大更加积极的就业政策落实力度

一是加大对灵活就业、新就业形态的支持力度，按规定落实从业人员就业扶持政策，支持劳动者实现多元化就业。二是积极落实各类用人单位吸纳高校毕业生就业政策，以及小微企业招用高校毕业生的社会保险补贴、一次性奖励补贴政策，不断提高小微企业带动就业能力。三是继续落实企业稳岗补贴政策，做好失业保险支持企业稳定岗位工作。四是落实企业分流安置职工的社会保险补贴政策，引导企业多渠道分流安置富余人员稳定就业。五是继续落实城乡一体化的就业困难人员岗位补贴、社会保险补贴、就业创业服务补贴（职介补贴）援助政策，帮扶就业困难人员及时就业。

（二）深入推进全民创业带动就业

一是整合社会资源，通过市场化机制、专业化服务和资本化途径，建设低成本、便利化、全要素、开放式的创业创新载体。推进建设以"互联网＋"工作空间、网络空间、社交空间和资源空间为一体的全新创业载体，实现创新与创业、线上与线下有机结合。二是落实创业担保贷款及贴息政策，扩大创业担保贷款对象范围，提高个人贷款额度，延长贷款期限，增强贷款贴息支持。拓展大学生创业贷款绿色服务通道，为符合条件的大学生创业实体提供反担保支持。三是落实财税优惠创业政策，支持高校毕业生、就业困难人员首次创业，支持农民工等人员返乡创业，支持创业者初始成功创业带动就业，促进各项政策由线下实体经济企业向线上电子商务企业覆盖。四是高标准建设省级创业型街镇、社区（村）、园区，加强创业导师专业化、制度化建设，推进全市高校就业创业指导站建设，培育创业文化，营造鼓励创业良好社会氛围。

（三）重点实施青年大学生"宁聚"计划

进一步完善落实核发一次性面试补贴，给予青年大学生首次创业一次性2000元开业补贴，提高青年大学生见习实训生活补贴标准，并按规定给予见习实训基地或单位一次性奖励，落实用人单位吸纳毕业生就业社会保险补贴及一次性奖励补贴，以及增设优秀大学生创业项目遴选资助等次等扶持大学生就业创业政策，并在驻宁高校就业创业网站设立"就业创业在南京"专题专栏，实时推送南京扶持高校毕业生就业创业政策，加强就业创业指导服务。支持举办创业训练营、创业创新大赛、创新成果和优秀创业项目展示推介等活动，继续打造"南京大学生双创节""赢在南京"青年大学生创业大赛暨"互联网＋"科技创业大赛、"魅力南京"系列创业就业服务品牌，选树一批创业典型，激励青年大学生创业热情。深入实施大学生创业引领计划，完善落实扶持政策，充分发挥大学生创业的主导和引领作用，每年遴选资助 300 个优秀大学生创业项目，引领更多的青年大学生创业。持续举办"宁聚计划"专场招聘会等各类招聘活动，对"宁聚计划"及南京的引才环境、就创业政策等进行深度宣传，营造良好的舆论氛围，进一步吸纳外地高校毕业生来宁就业创业。同时，进一步发挥"宁聚计划"政策效应，集中力量会同有关方面有针对性地强化落实毕业大学生落地后就业服务，加强就业市场供需衔接，用好高校毕业生精准招聘平台，更好地促进人岗匹配，尽快实现就业，推出就业指导企业行，百家名企进高校、百场校园招聘会、百场宣讲校园行（"三百"活动市场行），就创业指导校园行，就创业指导社区行，创业指导园区行五行就业服务专项活动，为高校毕业生提供更加便捷、高效的就业创业服务。

（四）促进各类重点群体就业

一是深入实施高校毕业生就业促进计划，大力组织高校毕业生系列招聘活动，广泛开展公共就业服务进校园活动，完善高校毕业生实名制登记和就业服务。二是加大对困难高校毕业生的帮扶力度，落实高校毕业生求职创业补贴政策。三是深入落实高校毕业生租房补贴政策，缓解新就业创业高校毕业生实际住房困难。

在促进农村劳动力转移就业方面，加强农村劳动力失业登记管理，完善落实均等化公共就业服务和普惠性就业政策，加强对农村就业劳动者的跟踪服务，开展特色公共就业服务专项活动，大力发展家庭服务业，强化新南京人服务中心建设，推进劳务协作扶贫，为农民工提供便捷高效优质的综合服务。此外，健全一次免费职业指导、三次免费推荐就业服务、一次免费职业培训的"一三一"就业援助长效机制，对经认定的就业困难人员提供"一对一"就业援助。积极稳妥做好化解产能过剩中职工安置就业服务工作。落实创业补贴、创业担保贷款等优惠政策，有针对性地提供岗位推荐及跟踪服务，促进退役军人创业就业。

（五）结合企业需求化解企业用工重点问题

一是针对缺工企业的用工需求举办专场招聘会、进校园招聘等活动。加强缺工企业与中介服务机构、高校和大中专院校（技工院校）及求职者的对接服务，对用工量大的企业开展上门走访，高频次举办常设性招聘会，满足企业一般性用工需求，全年组织各类招聘会不少于1000场。同时，进一步加强与陕西商洛、青海西宁等对口地区的劳务协作，组织南京劳动密集型缺工企业到对口劳务协作地区招收急需人员。二是通过四级人力资源和社会保障工作平台做好人岗对接服务。缺工企业可通过南京市人力资源和社会保障网或就近前往、区人力资源市场及街（镇）、社区（村）人力资源和社会保障所（站）登记用工需求，由四级人力资源和社会保障工作平台发布岗位信息，提供人岗对接服务。三是引导用工企业在线搜索人才。企业登录"南京市人力资源和社会保障网"，通过"快捷查询通道"点击"招聘职位"，进入"南京人才招聘"，完成企业注册，审核通过后即可根据岗位需要查找合适求职者信息。企业线上注册审核时限控制在1个工作日内。四是加强企业职工岗前培训和在岗技能提升培训。发挥各类行业协会和社会组织优势，引导企业积极发挥主体作用，围绕岗位需求和劳动者职业发展需要，因地制宜开展各类培训工作。完善职业培训补贴政策，采用直补个人和补贴企业相结合的方式，充分发挥政府补贴资金效益，促进企业发展和劳动者职业能力提升。五是加强人力资源服务机构用工服务管理。对中介机构为企业用工服务过程中出现问题及被投诉举报的，纳入"双随机一公开"抽查名录进行实地检查，对达不到法定要求或经营中存在问题的，限期整改或注销许可证书。

二 加强社会保障体系建设，提高民生水平

一是通过持续开展全民参保计划，多措并举推进全市符合条件的人群社会保险全覆盖。

二是在"十三五"前期城镇职工基本医疗保险、生育保险两项保险在市域范围内全面实现城乡一体化的基础上，下一阶段，将继续巩固市级统筹成果，优化政策保障体系，完善全民参保体系，不断提高两项保险的市级统筹运行质量和工作水平。根据南京城乡居民医保制度整合序时进度，下一阶段，将推进城乡居民医保市级统筹落实的各项工作，做好经办流程梳理、信息系统建设、宣传教育维稳等有关准备，确保2019年1月起城乡居民同城同待，享受全市统一的政策待遇。在南京统筹城乡的大病保障体系基本形成的基础上，下一步，将适时启动大病保险承办商业保险机构招标工作，认真做好政策宣传引导工作，及时协调解决相关问题，2019年1月起正式实施全市统一的大病保险制度，实现大病保险市级统筹。

三是鉴于原城镇居民医保和原新农合两制度筹资政策的标准、人群结构及缴费方式差异较大，在制度整合时将2018年作为过渡期，进一步缩小两制度个人缴费差距，将老年居民及其他居民的筹资标准统一为1050元/人/年，为后续同一缴费标准做好准备。2019年，以现行居民医保人群分类和个人缴费标准为参照，在保持正常调整新农合个人缴费标准的基础上，在总体不新增加个人缴费负担基础上，实现城乡居民同一缴费标准。之后再根据基金运行情况，在精算平衡的基础上，推动实现个人和政府保费合理分担、同步增长。

四是进一步完善多层次制度体系。对照党的十九大关于"全面建成"的目标要求，加快完善社会保险市级统筹，统一政策标准，贯通联网经办，为省级乃至全国统筹做好准备；全面实施职业年金制度，扩大

企业年金覆盖面，探索市属国有公益性企业建立年金办法；完成城镇居民医保和新农合整合，建立统一的城乡居民医保制度，完善重特大疾病保障机制，探索建立长期护理保险制度。

五是进一步推进公共服务平台建设。深化社会保障公共服务平台标准化建设，推进全市城乡一体的社会保障信息系统建设，通过手机App、微信、银行自助终端等，实现经办服务"有形窗口"向"无形窗口"转变，推进"社会保险标准化先行城市"创建工作，让人人都能享受到更高效优质的社会保障服务。

三　创新人才体制机制，构建具有全球竞争力的人才制度体系

（一）创新海外人才引进体制机制，助推人才全球化

规划实施"345"海外高层次人才引进计划。从 2018 年起，以市属高校、科研院所、卫生系统，以及在宁企业为引才主体，用 5 年时间，引进 30 名南京产业发展和教科文卫建设的"急需紧缺"外国专家、集聚 40 个以外国人才团队为主的一流创新团队，挂牌建设 50 个"海外专家工作室"，给予用人单位最高 500 万元的项目资助。同时"345 计划"引进的海外高层次人才，还可享受人才安居、居留与出入境、医疗保障、子女入学等方面的配套服务。

规划实施南京市留学人员科技创新项目择优资助计划。鼓励留学人员带回国外先进技术、研发、管理经验，参与南京经济建设，用 5 年时间，择优资助 1000 名在南京科技创新的高层次留学人员，带动 10000 名留学人才来南京就业。对留学回国人员在南京的创新活动，经认定，择优给予用人单位最高 10 万元的一次性资助，用于项目的研发。入选的留学人员还可享受住房保障、生活服务、出入境便利等方面的服务。

为外籍优秀毕业生在南京创新创业的工作许可办理提供便利。对其中符合条件且拟在南京自主创业的，可放宽至本科学位；40 岁以下优秀外籍博士后来宁入站科研或出站后来宁工作的，符合条件的，可纳入外国人来华工作许可（A 类）办理范围。4 月 28 日，南京出台《关于

优秀外籍高校毕业生来宁就业创业办理工作许可的通知》（宁人社函
［2018］59号），正式启动优秀外籍高校毕业生办理工作许可的工作。

同时，优化南京人才居住证。探索将南京人才居住证与智汇卡功能
有机融合，实现公交、支付、游园、储蓄等便民服务功能。

（二）创新高层次人才建设机制，助力创新名城建设

一是持续优化博士后政策。事业单位博士后流动站和博士后人才为
南京科技创新、经济社会转型升级做出了较大贡献，应将政策覆盖至事
业单位博士后流动和博士后；资助额度方面，需加大博站设立、博士后
招收、在站培养的资助力度；加强平台建设，通过设立博士工作站为博
士后储备人才，同时引进更多高层次人才助力创新名城建设。

二是完善高层次专家选拔培养体系。南京专业技术人才队伍尚需壮
大，产业分布结构有待优化，相关培育和激励力度仍存不足。通过加大
高层次专家的选拔激励力度，增加"南京市有突出贡献中青年专家"
选拔名额，提高奖金额度；对获得享受国务院特殊津贴人员、江苏省有
突出贡献中青年专家等国家级、省级高层次专家荣誉的人员，匹配奖励
经费。

三是加强专业技术人才队伍建设。全面深化职称制度改革，逐步打
破户籍、身份、档案、地域、人事关系等制约，畅通申报渠道，拓展评
价范围；突出专业实绩，取消限制性条件，进一步为专业技术人才申报
职称"减负松绑"，合理增加高级和中级专业技术人员的数量，提高两
者在高、中、初级专业技术人才比例中所占的比重，顺利完成"十三
五"制定的目标；实施"优秀专业技术人才培育工程"，以3年为一个
培养周期，每年选拔一批长期在基层工作、贡献突出的优秀青年专业技
术人才，予以重点培养并发放一定的专项津贴；定期组织优秀专业技术
人才赴境内外开展研修交流，定期举办企业、专业技术人才和高校、科
研院所的对接交流活动。

（三）创新高技能人才建设机制，打造南京工匠

"十三五"下一阶段，加大高技能人才的引进培养，加强基础后备

技能人才的培养。培育技能领军人才、加强载体建设、优化激励保障政策，提高技能人才的社会地位和待遇，改变"重学历，轻技能"的观念等举措，推进技能人才发展。扩大技能人才队伍，改善储备不足和结构不合理的状况，进一步提升高技能人才占比，以便更好地适应南京先进制造业发展需要。

一是激励企业加强技能人才培养。改变目前政府对企业技能人才培养工作只提要求、不给经费的做法，可以考虑对企业自建技能培训中心给予定额资助；对企业技能人才队伍比例结构优化达到一定标准后，在征缴保险时给予优惠，或对企业实行税费减免；对企业每年培养技能人才达到实有职工的一定比例后，给予企业相应的资金奖励，等等。通过实实在在的优惠政策，引导和激励企业自觉重视技能人才工作，自发开展技能培训活动。

二是激励技能人才自身发展。通过薪酬、津贴、发展通道等切实有效的手段使技能人才与企业之间建立起一种相互信赖、相互依存的密切关系，使技能人才切身感受到提升技能水平所带来的直接利益，从而激发内在动力。此外，还要加强舆论引导，提升技能人才在人们心中的形象和社会上的地位，把技能人才放到与专业技术人才等其他群体同等的地位上来对待，增强技能人才的社会认可和自我认同。

三是尽快明确新的职业资格培训和鉴定标准。国家职业资格清理结果要尽快明确，新的培训和鉴定标准要尽快制定下发，对于职业资格调整影响到的技工院校专业设置、培训机构审批等具体事项，要抓紧明确。

四是加强技工院校建设。充分体现技工院校培养人才的特点和优势，做出学历教育无法复制、无法比拟的人才培养模式，切实符合产业发展转型对技能人才的需要。同时也要加强技工院校自身建设，努力提高人才培养能力。

五是开展职业技能竞赛。充分发挥竞赛的引领和激励作用。通过各种竞赛，在本土发掘和培养技能人才。充分调动企业职工提升技能的自觉性和积极性。健全完善职业技能竞赛制度和配套政策，开展新工种竞赛。组织参加乡土人才传统技艺技能大赛。向社会全面展示乡土人才，充分调动乡土人才体现自身价值、实现成才理想的热情和动力。逐步了解和掌握乡土人才培育的特点和方法，为今后乡土人才队伍建设工作奠定基础。

四　创新社会治理的长效机制，共创和谐劳动关系

积极应对转变发展方式、优化经济结构、转换增长动力对劳动关系带来的影响，狠抓劳动关系源头治理，开展和谐劳动关系创建活动，加强协调劳动关系三方机制建设，推进集体协商和集体合同制度扩面提质，防范化解劳动关系领域风险。

围绕新经济、新业态、新商业模式的劳资双方权益维护，积极研究创新突破，加强劳动人事争议调解仲裁，完善多元处理机制，联动综治、人民法院、司法、财政、工会、工商业联合会、企业家协会部门，构建多层次劳动人事争议调解格局，完善劳动人事争议调解、仲裁、诉讼衔接机制，加强争议源头预防工作，引导当事人通过协商解决争议；进一步加强劳动人事争议调解规范化建设，充分发挥网上调解平台快速处理争议的优势，不断推进劳动关系和谐。

推进信用体系建设，有效使用守信激励和失信曝光手段，促进企业守法经营，共同维护劳动者合法权益。

同时，紧密结合人力资源和社会保障职能，加强企业工资收入分配宏观调控，依法推进企业工资集体协商，加强制度建设和督促指导，促进形成反映人力资源市场供求关系和企业经济效益的工资决定机制和正常增长机制，继续深化国有企业负责人薪酬制度改革，促进收入分配更合理、更有序，促进广大劳动者更有获得感，劳动价值得到更充分尊重。

五　优化南京人力资源和社会保障事业发展环境，提升公共服务水平和管理水平

（一）强化就业服务信息化建设，完善公共就业创业服务

一是按照建设覆盖城乡的公共就业服务体系的要求，抓好资源整合、工作融合、信息共享，努力形成覆盖城乡、功能齐全、布局合理、方便可及的公共就业和人才服务网络。二是运用现代信息技术，创新服务模式，打造多元化、多层次的求职招聘服务平台。推进人力资源市场信息化建设，建立市场信息发布、预测机制，及时掌握市场运行和供需动态。加强对企业用工指导和服务，规范企业用工行为。三是进一步完善城乡就业失业登记管理制度，完善服务标准和工作流程，提升人员能力素质和办事效率，为城乡劳动者和用人单位提供更加优质、高效、便捷的公共就业专业服务。四是推进城乡公共就业服务均等化，促进城乡居民就业机会平等和就业服务共享，健全覆盖城乡的公共就业创业服务体系。建设"十五分钟公共就业服务圈"，健全基层就业创业工作平台。加强公共就业服务人员队伍建设，提高人员素质和服务能力，完善就业创业服务基础工作，全面提升市场服务水平。五是加强基层公共就业服务机构人员力量，落实公共服务平台经费保障。加快就业服务信息化建设，建立就业信息资源库，加强信息系统应用，实现就业管理和就业服务工作全程信息化。完善就业信息服务平台，推进就业信息共享开放，推动实体市场与网上市场的就业服务有效对接，推动政府、社会协同提升公共就业服务水平。

（二）强化政府人才公共服务职能，提升人才公共服务能力

一是流动人员档案实现电子化管理。根据人事档案内容，通过扫描、录入等方式对纸质档案进行数字化处理，改纸质档案物理流为电子流。目前中心正在制定实施方案，到2021年年末，实现南京流动人员人事档案电子化归档、转递。

二是精准招聘服务模式不断完善。整合南京人才市场和南京人力资源市场服务资源，建立统一的人才市场信息系统、数据库和招聘网，线

上线下联动，通过人才市场和移动客户端等方式，实现人岗交流信息的统一发布、统一查询、统一匹配和统一跟踪。

三是将按照"互联网＋人社"2020行动计划和和人力资源和社会保障部和江苏省人力资源和社会保障厅关于深化"放管服"改革的部署要求，全面深化互联网、大数据、人工智能等先进技术与人力资源和社会保障系统的有机融合，加快南京人力资源和社会保障治理服务体系向着业务在线化、治理数据化、服务智能化转型升级，加快推进不见面办理，提升服务对象的满意度和获得感。

第三章

南京市技能人才队伍建设
现状与展望

近年来，南京市坚持把服务产业、服务就业作为技能人才队伍建设的出发点和落脚点，努力形成政府与市场功能互补的技能培训工作模式，加快建设高素质技能人才队伍。目前，技能人才总量达到 150 万，其中，高技能人才超过 30 万，每万名劳动力中高技能人才数近 700 人，每年开展各类职业技能培训人次均超过 30 万人次。

第一节　南京市技能人才队伍建设现状

一　实施技能人才振兴计划

首先，完善政府补贴培训政策，建立以补贴城乡劳动者为核心的"政府购买培训成果"新机制，不断扩大培训受益面。2012 年，南京市政府出台《关于实施政府购买紧缺型高技能人才培训成果的通知》，对技能人才进行补贴，对高级工、技师、高级技师的补贴标准分别达到 800 元、2000 元、3000 元，补贴职业（工种）达到 80 个。2014 年，又出台了《关于实施企业职工上岗及初、中级职业技能培训补贴的通知》，将补贴向初、中级技能人才以及在岗职工培训延伸，初步建立起覆盖全部职业资格等级的企业职工技能培训补贴体系，有效激发了企业在职职工自觉学技能、强素质的热情。

其次，完善高技能人才评选表彰制度，进一步发挥优秀高技能人才的高端引领作用。2012年，出台了《市政府关于批转市人力资源和社会保障局市财政局南京市有突出贡献高技能人才评选奖励办法的通知》，广泛开展优秀高技能人才培养选拔工作，对评选出的南京市有突出贡献的高级技师、技师以及技术能手，分别给予9000元、5000元、2000元的奖励。目前，共有75人被评为南京市有突出贡献的高级技师、技师以及技术能手。此外，优秀高技能人才被纳入省、国家层面的表彰范围，在全市高技能人才中，共有享受国务院政府特殊津贴人员5人，获"中华技能大奖"4人，全国技术能手28人，江苏省有突出贡献中青年专家5人，江苏省企业首席技师59人。

最后，完善企业职工培训体系，加快企业职工培训制度化建设。通过大力开展岗前培训，鼓励企业加强校企合作，开展订单式培养和定岗培训，实行"变招工为招生"。创新企业职工培训方式，探索建立"师带徒""导师制"和组建"革新研修团队"等新型学徒制度，加强在岗技能提升培训。通过技能竞赛等形式，充分调动企业职工提升技能的自觉性和积极性，两次参加省技能状元赛，共有3名选手成为技能状元。目前，南京每年技能人才鉴定取证约13万人次，其中，企业职工占22%左右。

二　搭建技能人才培养平台

一是加强技能人才实训基地建设。紧紧围绕南京产业转型、产品升级要求，按照"市场导向、合理布局、功能互补、资源共享"的原则，建设了16家先进制造业和现代服务业公共实训基地，年实训能力达6万人次，努力打造了一批集实训、鉴定、竞赛、教研等于一体的高技能人才培养平台。

二是加强技能大师工作室建设。技能大师工作室建设旨在充分发挥高技能领军人才在带徒传技、技能攻关、技艺传承、技能推广等方面的重要作用，构建高技能人才的技术技能创新成果和绝技绝活代际传承机制，并将技术技能革新成果和绝技绝活加以推广。技能大师工作室建设遵循技能人才成长规律，以现代师徒关系形式凝聚以传授高端技艺的有效平台，成为人才培养的创新之举。南京在做好国家、省级技能大师工作室创建的基础上，每年建设 10 个左右的市级技能大师工作室，截至目前，已创建了 5 个国家级、8 个省级、32 个市级技能大师工作室，进一步发挥高技能人才在技术攻关、技术创新、传授技艺等方面的带头和辐射作用。

三是加强国家级和省级技能培训平台建设。截至目前，南京共创建了两家"国家级高技能人才培训基地"、3 家"江苏省高技能人才专项公共实训基地"和 12 家"江苏省高技能人才培养示范基地"，有力地促进了高技能人才进行知识补充、知识更新和知识结构拓展，提高了综合素质和创新能力。

四是加强就业创业培训平台建设。遵循创业带动就业、就业引导培训、培训促进就业的工作思路，不断推进南京多层次、多群体、多形式、多方式就业创业培训工作，努力提高广大劳动者职业技能和创业能力。2011 年以来，共培训新生劳动力、农村劳动力转移人员、创业人员、再就业人员超过 100 万人次。

三　发挥技工院校培养作用

一是构建了技工教育多元办学体系。南京现已形成了以政府、行业、企业和社会共同参与的技工教育多元办学体系，提升了技工院校办学能力，加快了南京高技能人才培养进程。

二是发挥了高技能人才培养主渠道作用。南京技工院校历年直接向社会输送以及开展社会化培训所培养的高技能人才，超过全市高技能人才总数的 60%，在高技能人才队伍建设中发挥了重要作用。

三是确立了以职业能力为核心的办学方向。坚持以培养学生技能操作能力和岗位实践能力为重点，全市技工院校共设置了 128 个操作性强的专业。以职业技能鉴定考核为标准，历届毕业生必须达到本专业国家职业资格标准方可毕业。

四是坚持企业用工的主导方向。紧贴企业办学，坚持以就业为引导，以企业需求为目标，大力推进校企合作、产学研结合、"订单"培养模式，全方位地将教学内容融入企业实践中，毕业生岗位适应能力强，总就业率达99.2%。

第二节　存在的主要矛盾和问题

一　技能人才队伍建设需要充分调动起企业的主观能动性

目前，很多中小企业虽然都能认识到技能提升培训的重要性，但真正能付诸实施、落到实处的却是微乎其微，其原因：一是企业的主要任务是生产，而组织培训要投入相应的设备、原材料、资金以及人力，增加了企业生产成本。二是绝大多数中小企业只看重职工的实际工作能力，或是只需要职工停留在完成简单的操作上，因此不会建立职工所取得技能证书等级与工资挂钩的机制，而企业的工资制度又是由企业自主确定的，目前无法改变这样的现状。三是有一些职工的企业忠诚度不够，往往企业花了大量的精力和经费完成培训，职工在取得了相应的资格证书后，却以此为资本，跳槽去寻找更高薪金的单位。因此，企业会觉得培训是在花冤枉钱，不想冒风险。

二　职业技能竞赛和技能岗位练兵比武活动有待进一步加强

一是市级竞赛个别工种立项还不够严谨，论证不够充分，致使筹备过程中起伏较大，结果不甚理想。二是有的市级竞赛工种组织工作还不够缜密，个别工种竞赛形式自选动作过多。三是同时几家主办单位，多头下文，基层不能相适应，且财力、人力未得到更好的使用。四是市竞赛机构应出台技能竞赛管理办法，以便使承办单位、参赛单位有章可依，遵章执行。五是资金不足制约了集训质量和相应的硬件设备。六是非国有企业和高技能人才基地对大赛的重视程度及支持力度不够。

三　民办职业培训机构的日常监管不到位，缺少抓手

一是南京缺乏统一的民办职业培训机构管理办法，多部门都具有民办职业培训机构的审批和管理职能，相互又缺少必要的联系。二是民办职业培训机构的准入门槛过低，鱼龙混杂，这给职能部门的监管带来很大的难度。三是缺少对不规范或违规的民办职业培训机构的处罚政策或文件，审批和管理部门无法将这些培训机构清理出市场，日常管理也很困难。

第三节　进一步加强技能人才队伍建设的对策建议

一　转变观念、完善制度，切实在全社会形成尊重技能人才、重视技能人才、有利于技能人才成长的良好环境

（一）多方重视，确立技能人才在转型发展中的重要地位

首先，党委、政府要切实重视技能人才。各级党委和政府从统筹规划社会经济发展大局，到部署落实相关具体工作项目，都要真正认识到技能人才在转型升级发展中的重要地位，把技能人才放在与专业技术人才、企业管理人才等群体同等重要的地位来对待，使其成为政府工作的重点、经济发展的支点、社会关注的热点。其次，企业要成为培养技能人才的主体。必须改变目前企业，特别是中小企业，对技能人才培养可有可无的模糊态度，使尽可能多的企业切实重视技能人才队伍建设，把技能人才与自身的生存和发展紧密联系起来，使企业职工的岗位技能提升成为技能人才培养的主渠道。

（二）舆论引导，为技能人才赢得最广泛的社会认可度

通过全覆盖、大强度、系统化、高质量的舆论宣传，提升技能人才在社会上的地位，使技能人才拥有合理的社会定位。一是以政府名义，

策划系列、专题、有深度的技能人才宣传题材，通过主流媒体，包括电视、电台、网站、报纸、各类公共宣传平台等，进行长时间、多维度的宣传报道，使技能人才的重要作用和良好形象牢牢占据社会大众的脑海。二是人力资源和社会保障部门主导，定期收集南京技能人才工作中的各种政策、各项活动、各类成果，以及优秀技能人才的先进事迹和取得的社会经济效益，通过媒体、楼宇广告等公众平台和微信等网络平台，进行连续广泛的宣传，不断扩大技能人才的社会影响。三是组织并鼓励企业、技工院校等单位广泛开展技能人才宣传工作。

（三）政策创新，激发技能人才成长的原生动力

一是激励企业自觉加强技能人才培养。改变目前政府对企业技能人才培养工作只提要求、不给经费的做法，通过实实在在的优惠政策，引导和激励企业自觉重视技能人才工作，自发开展技能培训活动。二是激励技能人才自身发展。通过切实有效的手段，使企业真正建立起与技能水平、技能贡献挂钩的技能人才薪酬制度；在有条件的企业实行技师、高级技师、首席技师、技能专家的梯次结构及发展通道，并配套相应的津贴制度；引导企业对做出特殊贡献的技能人才实行股权和期权激励，依据贡献从成果转化收益中提取一定比例进行特殊奖励。三是加大优秀技能人才引进力度。对于通过引进能够立即解决重大技术问题的技能人才，政府要给予申报项目、申请专利等方面的优先，还要提供家属就业、子女入学等方面的保障措施，并对企业引进成本给予一定补助。对于引进南京稀缺职业（工种）的优秀技能人才，政府要在引进成本、后续培训提高、参与大型项目等方面，给予相应的资金支持或优先待遇。

二　优化载体、创建平台，为更好更快地培养大批技能人才保证充足的基地来源

（一）努力提升技工院校综合实力，为技能人才队伍输送合格的生力军

一是要完善针对技工院校的扶持政策。首先，要在招生工作上消除

对技工院校的歧视和排挤，取消对技工院校招生的各种限制，并且出台鼓励报考技工院校的政策措施。其次，要在办学条件上给予政策倾斜。对于公办校，要加大财政投入力度，特别是要加强实训设备的更新完善；对于民办校，要在改善教学硬件条件方面，给予一定的优惠政策，并且建立社会力量投资加强办学力量的机制和通道，帮助其逐步发展壮大。二是要在培养模式上回归技工教育本位。一方面要树立技能为先的教学理念。切忌把技工教育办成学历教育，要在教学中始终突出技能培训，切实培养出技艺娴熟、愿意扎根一线的技能人才。另一方面要始终把企业需求放在第一位。技工教育必须为企业需求服务。可以通过与企业联合办学的模式，采取冠名班、奖学金等形式，开展菜单式培养，为企业量身定制符合需求的毕业生；还可以通过毕业实习实训的方式，让企业和毕业生实现双选，达到相对稳定就业。三是要加强技工院校发展的基础能力建设。要优化专业设置。综合考虑各个技工院校自身的特点和优势，以及社会和行业的需求，在专业设置上体现实用性和可行性。要强化师资力量。尽力提高待遇，吸引高水平的教师到技工院校担任专职教师；有计划地组织教师培训，在现有基础上提高教师的岗位能力；利用好各级组织赴外培训的机会，选派条件好、有潜力的教师到国外或者国内先进地区学习交流。要改善实训条件。多方筹措资金，根据企业最新的设备要求，改善技工院校的实训条件；或者建立紧密的校企合作机制，让学生直接在企业生产设备上进行实训，使得培训出的毕业生能够很快胜任企业岗位要求。

（二）做大做强民办职业培训机构，为技能人才的社会化培训提供保障

一是淘汰或停办一批培训质量差的机构和职业（工种）。通过强有力的管理，使一批本来就无法正常运行的机构或职业（工种）自动退出培训群体，避免出现勉强承接培训导致质量低下、社会影响差的后果。二是扶持一批实力强、有社会责任感的机构。对目前运行良好，职业（工种）符合南京经济发展需求，在具体工作中体现出较强社会责

任感的机构，鼓励它们发展壮大自身规模，加大对这些机构的指导帮带力度，有计划、有目标地组织相关机构管理者培训，帮助他们规范自身管理、提升工作品质。三是加强对机构发展的宏观谋划。要对全市机构的整体发展进行动态连续的管控，避免出现职业（工种）恶性重复、与经济发展需求明显不符的现象。鼓励机构之间进行有益的兼并和收购，加大整合力度，提升机构综合实力。此外，还要通过扶持帮带，重点打造一批具有品牌效应的民办职业培训机构"领头羊"，使其能带动整个社会化培训市场的信心。

（三）鼓励企业培训中心发展壮大，发挥为企业技能人才提升岗位能力的主体作用

一是鼓励更多的中小企业创建自己的培训中心。条件较成熟的可以单独开辟场地，挑选指导教师，拿出专门培训设备，制定相关培训教程，建立起一整套独立运行的培训系统；规模较小的企业可以立足生产设备，以有经验的师傅为带教，以实际生产环节为依托，在生产过程中培训提高。二是支持大企业发展完善现有的培训中心。充分利用省部属企业培训中心，除了支持中心为企业自身提供服务外，还要引导其发挥社会效能。可以引导其在行业内或一定区域范围内建立联合培训模式，形成相对固定的企业培训客户。三是协调整合企业培训资源。通过建立相关企业之间的合作机制，互通有无，实现培训职业（工种）的基本覆盖；或是实现相同职业（工种）培训方法的交融优化，获取更高效的培训效果。

（四）探索公共实训基地管理运行模式，确保实现社会公共服务功能

一是政策扶持，确保基地运行经费有稳定保障。在规范基地对外培训收费上制定相应的政策，使基地在承担社会公共服务时，能按标准收取应有的运行和管理成本；并且明确在公共服务之外，还可以承接哪些商业化培训，以提高基地设备的使用率，同时也为基地发展提供必要的资金来源。二是规范管理，确保基地能够实现公共服务。一方面，基地

承建单位要明确专门领导、专门机构、专门人员，担负起基地提供社会公共服务的工作职能；另一方面，基地承建单位的管理部门、所在区的人力资源和社会保障部门要承担起基地运行的外部协调职能，及时帮助基地解决对外协调的困难和问题。三是加强考核，确保基地实现既定的绩效目标。严格按照既定的基地管理办法，每年对基地实行绩效考核，用培养技能人才的数量和质量来衡量基地管理运行水平。四是拓宽领域，确保基地发挥最大服务效能。基地不应仅停留在技能培训的层次上，还应深入发掘在开展技能鉴定、进行技术攻关、组织技能竞赛等方面的功能和作用，发挥出最大的社会效能和经济效益。

三　创新举措、提高效能，全面提升技能人才队伍建设的质量水平

（一）切实提高职业技能鉴定水平

一是在运转机制上有所改变。要改变目前鉴定机构同时开展培训业务的状况，彻底把"裁判员"和"教练员"职能剥离，用独立、规范的考评员队伍和督导员队伍来组织鉴定，规范鉴定程序，严格鉴定标准。二是在机构能力上有所加强。加强对鉴定机构的考核评估，对于不具备鉴定能力的机构，要勒令整改，无法整改到位的，要取消鉴定资格；对于鉴定硬件条件差、考评员队伍能力弱的机构，要有针对性地指导改进，政府可以为其提供相应的政策支持和能力培训。三是在评价方式上有所调整。重点是要做好企业技能人才评价方式的推广，组成专家队伍，深入企业指导策划，真正把技能鉴定与企业需求结合起来。

（二）积极发挥优秀高技能人才引领作用

一是放大优秀高技能人才能力优势。注重在优秀高技能人才身边形成相对稳定的技术团队，促进优秀高技能人才核心能力的发挥。同时，通过优秀高技能人才的传帮带，有效带动团队成员的技能提升，形成梯次结构的技能人才群体。对于建设规范、能力出众的团队，可以通过评选技能大师工作室的形式，给予表彰和资助。二是拓宽优秀高技能人才辐射范围。资助行业组织高技能人才研修班，带动高技能人才队伍能力

的整体提升；定期组织全市技能大师工作室交流学习，促进技能大师工作室建设水平共同提高；有针对性地遴选组织优秀高技能人才到相关企业、技工院校开设讲座或现场示范，影响和带动技能人才自觉提升；举办优秀高技能人才沙龙等活动，让优秀高技能人才探讨交流技术问题，碰撞出更多火花，产生更多成果。三是加快优秀高技能人才培养步伐。坚持做好目前已有的各类国家、省、市级优秀高技能人才选拔工作，同时鼓励各区、各行业主管部门、行业协会、大企业等，开展各种类型的优秀高技能人才选拔工作，力争形成不同层次、上下衔接的优秀高技能人才选拔机制，为高技能人才提供一个顺畅的成长通道，激发高技能人才提升技能、完善自我的最大潜能。

（三）尝试通过技能竞赛广泛带动技能提升

一是规范竞赛管理。对竞赛的目的进行明确，对竞赛的程序、标准进行统一，对竞赛活动进行必要的督导，确保竞赛达到应有的效果，确保竞赛组织过程的规范，确保竞赛结果的公正和权威。二是最大限度地提高竞赛参与度。无论是单位举行的技能竞赛，还是行业、区级，乃至市级竞赛，都要求采取层层选拔的形式，并规定选拔赛的参赛基数与实有技能人才的比例下限，确保参赛人员的广泛性，从制度上解决技能竞赛精英化的问题。三是激励各类竞赛活动广泛开展。除了进行必要的物质奖励外，最重要的就是要通过竞赛，发现大批能够胜任更高职业资格等级的技能人才。

（四）不断提升就业创业培训效能

一是更新就业创业培训理念。转变目前片面强调培训数量的观念，把主要精力转移到如何增强培训效果、赢得市场和培训者两方面的认可上。坚持所有培训都从实际需求开始，即所有培训项目都有市场需求，所有培训对象都有培训需求。改进守株待兔式的培训招生模式，探索主动提供就业创业培训服务的开拓型培训模式。二是创新就业创业培训模式。积极促进"互联网＋"与培训项目融合，实现培训项目网络化、开放式运行，扩大就业创业培训的社会覆盖面。三是精选就业创业培训载体。坚持采取政府招投标的方式遴选确定参与就业创业培训的机构，鼓励培训组织规范、培训实力较强的公办机构、技工院校以及公共实训基地参与就业创业培训。四是建立就业创业培训绩效评估。对就业创业培训对象建立跟踪服务机制，通过对培训后的就业创业成功率的统计，以及对就业创业培训质量的考量，反向查找培训中的问题和不足，及时加以调整改进。

四 重视基础能力、队伍建设，为技能人才队伍建设可持续发展提供有力保障

（一）加强培训工作者队伍建设

一是专家队伍。从全市各个单位推荐遴选出一批职业技能培训方面的技术专家和管理专家，建立专门的职业能力建设专家库，用于对南京职业技能培训的各项工作提供指导和评判。二是师资队伍。其中包括技工院校和民办职业培训机构的教师队伍。首先是要解决专职和兼职问题，尽可能地多一些专职教师。其次要解决教学能力的问题，强调专业基础、岗位培训，以及教学方法和责任心等方面。最后要突出实训带教能力，切实能为技能培训提供可靠的保证。三是考评员队伍。加强考评员经常性培训，提升鉴定水平。四是督导员队伍。要从第三方选拔督导员，确保与督导对象没有形成利益联系，保证督导工作独立运行，以达到督导作用。五是培训管理者队伍。建设一支数量与工作量相适应、能力与工作要求相适应的培训管理者队伍，并加强业务培训和绩效考核，促进培训管理和组织工作落实到位。

（二）加强培训信息平台建设

建设一个统筹全市涉及职业技能培训工作各部门、单位、人群的大信息平台，其功能主要包括：一个是政府部门内部的信息交互。主要是由培训主管部门牵头，汇集各区、各行业主管部门的职业技能培训需求，以及就业部门的就业培训需求。另一个是培训主管部门与企业、培训机构、鉴定机构、公共实训基地，以及技工院校之间的信息交互。建立一个公共信息资源网络平台，同时可供企业提出培训需求，培训机构提供培训项目，鉴定机构提供鉴定服务项目，公共实训基地发布公共服务信息，技工院校发布毕业生信息等，构成一个资源汇集、动态准确的信息库，为培训供需双方搭建起便捷有效的交流平台。

（三）加强培训内容体系建设

一是加大技能实际操作培训的比例。以实际操作为主体，进行课程体系设计，理论教学融入实操环节，尽量不单独开课，使技能培训明显区别于学历教育，体现出自身的特点和优势。二是结合需求设计培训内容。以需求为导向，企业需要什么，就业岗位需要什么，培训机构、技工院校就提供什么培训服务，设计相应的培训课程来满足需求。三是积极开展新工种、新职业标准的研发。对出现的新需求，在国家不可能及时出台新标准的情况下，要主动靠上去，组织专家团队，研究制订相应的培训方案和鉴定标准，为社会提供可靠的技能培训服务。

第四章

南京市技工院校发展情况调查研究

技工院校是先进制造业培养优秀高技能人才的生源地，对产业技术升级、产品质量提升等起到重要作用。为切实掌握南京技工院校办学现状，找准目前技工教育存在的突出问题和主要矛盾，促进技工院校提升内涵、健康发展。自2017年年底以来，通过评估检查、座谈研讨、问卷调查等形式，在南京24所在办的技工院校中开展了调研活动，查找问题，提供解决方案。

第一节　技工院校发展沿革

南京技工院校是由企业职工培训中心演变而来的，初期办学模式为"一厂一校、自培自用"。"文化大革命"期间，企业举办的技工院校一度停办。改革开放后，企业迫切需要大量技术工人，陆续恢复了技工院校，随后，部分行业和企业又新创办了一批技工院校。截至1999年，全市共有42所技工院校，其中，政府办学2所，行业和企业办学40所。

1999年以后，企业改制，清理非经营性机构，先后有扬子石化公司、金陵石化公司、金城集团、南钢集团等34所技工院校从企业剥离后被迫停止办学。至此，南京市坚持办学的技工院校只剩8所，其中，政府办学2所，行业办学3所，企业办学3所。

2002年，南京市被列为全国高技能人才培训试点城市。为加快技能人才培养进程，调整技术工人结构，缓解技能人才供需矛盾，南京先后改制原企业办技工院校 3 所，引进民间资本创办民办技工院校 13 所。

截至目前，南京持续办学的技工院校达 24 所，其中，以政府为办学主体的技工院校有 2 所，占比 8.3%；以行业为办学主体的有 3 所，占比 12.5%；以企业为办学主体的有 3 所，占比 12.5%；以民营（含股份制）为办学主体的有 16 所，占比 66.7%。

1. 办学层次：技师学院 5 所、国家重点技工院校 1 所、省级重点技工院校 6 所、普通技工院校 12 所。

2. 学校性质：事业性质 4 所、企业性质 4 所、民营性质 16 所。

3. 办学经费来源：财政拨款的 5 所、企业拨款的 2 所、自筹自支的 17 所。

南京市技工院校年均办学经费 59934.9 万元，其中，政府办学经费总额 9059 万元，生均办学经费 1.365 万元；行业办学经费总额 9359.8 万元，生均办学经费 1.385 万元；企业办学经费总额 2052.8 万元，生均办学经费 1.307 万元；股份制办学经费总额 4776.9 万元，生均办学经费 0.679 万元；民营办学经费总额 34686.4 万元，生均办学经费 1.052 万元。财政性经费拨款 23263.5 万元，占办学经费总数的 38.8%；各校自筹经费及学费 36671.4 万元，占总数的 61.2%。

4. 专业设置：以制造业专业办学为主体，共有机械、电工电子、信息、交通等 11 大类 72 个专业。其中制造业专业占比 79%，服务类专业占比 21%（见表 4—1）。

5. 师资结构：现有教职工 3162 人，其中专职教师 2265 人，占教职工总数的 71.3%；大学本科以上学历 2166 人，占专职教师总数的 95.6%；文化技术理论教师 1509 人，其中高级讲师 317 人，讲师 588 人，分别占文化技术理论教师总数的 21% 和 39%；生产实习指导教师 756 人，其中高级实习指导教师 70 人，一级实习指导教师 115 人，分别占生产实习指导教师总数的 9.3% 和 15.2%；一体化教师 782 人，技师和高级技师 236 人，分别占专职教师总数的 34.5% 和 10.4%；兼职教师 754 人，占专职教师总数的 33.3%，其中文化技术理论教师 496 人，生产实习指导教师 258 人。

表 4—1　　　　　　　全市技工院校近三年专业设置情况一览表

序号	类别	专业设置	数量
1	机械类	数控车工、加工中心操作工、数控编程、工量具制造与维修、机械设备维修、机械设备装配与自动控制、模具制造、模具设计、焊接加工、冷作钣金加工、制冷设备运用与维修、机电设备安装与维修、机电产品检测技术应用	13
2	电工电子类	电机电器装配与维修、电气自动化设备安装与维修、楼宇自动控制设备安装与维护、工业自动化仪器仪表装配与维护、化工仪表及自动化、工业机器人应用与维护、电子技术应用、通信终端设备制造与维修、光伏应用技术	9
3	信息类	计算机网络应用、计算机程序设计、计算机应用与维修、计算机信息管理、计算机游戏制作、计算机动画制作、计算机广告制作、多媒体制作、通信网络应用、通信运营服务	10
4	交通类	交通客运服务、汽车维修、汽车电器维修、汽车钣金与涂装、汽车装饰与美容、汽车检测、汽车营销、公路工程测量、现代物流、船舶驾驶、船舶轮机、港口机械操作与维护、铁路客运服务、城市轨道交通运输与管理、城市轨道交通车辆运用与检修、航空服务	16
5	服务类	烹饪（中式烹调）、烹饪（西式烹调）、烹饪（中西式面点）、饭店（酒店）服务、商务礼仪服务、休闲体育服务、家政服务	7
6	财贸类	市场营销、电子商务、会计	3
7	农业类	农机使用与维修	1
8	化工类	化工工艺、化工分析与检验、精细化工、高分子材料加工	4
9	建筑类	建筑施工、工程监理、工程造价、建筑工程管理	4
10	轻工类	印刷（图文信息处理）、印刷（印刷技术）、服装设计与制作	3
11	其他	幼儿教育、环境保护与检测	2

6. 生源结构：现有在校生总数 54967 人，其中：政府办学在校生 6638 人，占比 12.1%；行业办学在校生 6756 人，占比 12.3%；企业办学在校生 1571 人，占比 2.9%；股份制办学在校生 7039 人，占比 12.8%；民营办学在校生 32963 人，占比 60.0%。全市技工院校高级技工班（含技师班）17245 人，占在校生总数的 31.4%；中级技工班 37722 人，占在校生总数的 68.6%；年均招生量 1.5 万人左右，年均总就业率达 95% 以上。

7. 社会培训结构：年均开展社会培训 71563 人，其中：开展失业人员培训 5096 人，占培训总数的 7.1%；开展劳动预备制培训 9266 人，占培训总数的 12.9%；开展在职职工培训 49539 人，占培训总数的 69.2%；开展农村劳动者培训 4921 人，占培训总数的 6.9%；开展大学毕业生培训 2225 人，占培训总数的 3.1%。

第二节　南京技工院校管理中存在的主要矛盾及原因

一　技工院校管理、处罚的法律和制度依据不足

技工院校复办 40 年来，其招生、就业、财务、教学和安全等管理体制方面，在国家层面，没有一部法律、条例具体到技工院校的管理与处罚，包括《民办教育促进法》；在人力资源和社会保障部和省人力资源和社会保障厅层面，没有一个完整的"技工院校管理办法"或"技工院校管理条例"；市政府也未曾颁布"加强技工院校管理、规范技工院校办学行为"的地方法规。多年来，南京市人力资源和社会保障局结合本市实际做了不少工作，但对技工院校采取的管理措施法律依据不足、不明确，尤其表现在对技工院校违规招生、违规办学等方面的处罚上。因此，现行的技工院校管理体制，不仅存在技工院校尤其是民办校的办学风险，也存在政府主管部门行政不作为或乱作为的管理风险。

二　技工院校发展受限的外部矛盾难以协调

这个问题是由技工院校的地位所决定的，主要表现在：一是生源质量普遍较差。"学历至上"的传统观念导致技工院校始终处于择校的最底层，技工院校生源质量堪忧。在本市招收的新生，大多数是其他学校不予录取的学生，普遍成绩较差，素质较低；有些跨市招生的技工院校在录取过程中不看成绩、不看品德、不看形象、只看缴费。二是办学经费投入不足。全市享受市财政拨款的技工院校仅有 3 所，近 80% 技工院校的办学经费完全由学校自筹，大多数技工院校根本没有能力改善办学条件。三是政策支持力度不够。在规划教育划拨用地、税费减免等方面，除公办技工院校外，普遍得不到政策支持，制约了技工教育的可持续发展。四是校企合作难以落实。技工院校仅靠自身力量，无法实现较大规模的校企合作，即使相应的主管部门出面，也不能对企业进行强制干预。而企业本身由于无利可图，又没有制度约束，部分企业不会承担技工院校学生的实习或顶岗任务。

三　民办技工院校的办学风险普遍较大

一是部分学校财务管理不够规范，收费和资金支配比较随意，大部分收入未投入教育使用。二是虚假招生宣传比较普遍。具体表现形式为使用招生代理、虚假欺骗宣传等，主要集中在民办技工院校。为争取更大的经济利益，部分民办技工院校通过欺骗性宣传，盲目扩大相关专业招生规模，造成供大于求。三是办学水平普遍较低。首先，办学的逐利色彩浓厚。在专业设置上，不是考虑如何与经济发展需求、与自身教学优势结合，而是什么专业热门就设置什么专业，什么专业教学成本低就设置什么专业。其次，师资力量普遍较弱。与职业院校相比，民办技工院校生存发展空间小，很难留得住好的师资，更没有实力引进人才，有的专业开展教学困难。最后，技能培养普遍不足。部分民办技工院校在教学中有投机取巧的心理，尽可能多地安排容易实施、教学成本低的理论课教学，而对师资、设备、成本要求高的技能实训环节，没有予以足够重视，培养出的学生技能水平难以达到企业要求。四是管理水平较低。大多数民办技工院校都没有专业管理团队，主要依靠有偿购买，食堂、教室、宿舍等重要区域的安全防范措施均存在不同程度的缺失和隐患，在学生管理和德育教育方面也缺乏有效手段。五是由于发生社会问题，影响南京安全稳定大局，对违规技工院校的处罚普遍具有滞后性。

第三节　进一步加强南京技工院校
管理工作的几点建议

技工院校是当前为社会培养和输送技能人才的唯一正规生长来源，在职业教育乃至整个教育体系内，都具有十分重要和特殊的地位。技工院校办得是否成功，直接关系到技能人才队伍建设的基础，也直接影响到城市产业更替和创新发展。因此，为解决技工院校建设和管理上的矛盾，应采取以下措施，进一步夯实技能人才队伍成长的基础。

一　加强制度建设，规范技工院校办学行为

一是深入贯彻落实《国务院办公厅关于深化产教融合的若干意见》和《国务院关于推行终身职业技能培训制度的意见》等重要文件精神，制定出台加强南京技工院校全面建设的政策文件，为今后一段时间技工院校发展确定目标、提供指导。二是依照《民办教育促进法》《江苏省技工学校设置标准评估细则》等法律法规，结合南京技工院校实际，进一步规范和细化各项管理制度，并通过培训、增加督导频次等手段，抓好落实。三是健全退出机制，明确退出标准。

二　完善政策扶持，推动技工院校提档升级

首先，扩大技工院校在社会上的正面影响，消除社会在招生工作上

对技工院校的歧视和排挤，取消对技工院校招生的各种限制，出台鼓励报考技工院校的政策措施，真正把技工院校当作教育体系中不可或缺的一部分。其次，要在办学条件上给予政策倾斜。现有的技工院校大多办学条件较差，发展极为受限，直接影响了技能人才培养质量。对于公办校，要加大财政投入力度，特别是要加强实训设备的更新完善，使其具备较高的技能人才培养能力；对于民办校，要在改善教学硬件条件方面，给予一定的优惠政策和资金扶持，并且建立社会力量投资加强办学力量的机制和通道，帮助其逐步发展壮大。

三　树立责任意识，注重技工院校内涵建设

指导、鼓励和帮助学校举办者和投资人端正办学思想和规范办学行为，强化社会责任，树牢法制观念，做到：一是加大教学设备投入，增强实习实训能力；二是加强师资队伍建设，通过提高教师待遇、加强师资培训和引进优秀教师等手段，打造一支能够胜任技工教育的教师队伍；三是根据各自的办学特色和办学优势进行专业设置和课程体系建设，并积极参与省、国家乃至世界技能大赛；四是切实做好学校德育工作，真正把立德树人的办学思想贯穿教学全过程，全面提高师生素质。

四　做好风险防控，减少技工院校安全隐患

一是鉴于南京技工学院数量和规模已达到饱和（深圳市共有10所技工院校，在校生3.5万；而南京现有24所，在校生近5万），严格做好新申办技工院校的审批工作，凡不适应南京产业发展需求的专业一律不予批准。二是根据社会需求和学校办学能力，确定招生专业和招生数量，防止盲目扩大规模，人为制造办学隐患。对民办技工院校招生实行指令性计划，对不符合办学条件的学校和专业，坚决停招或减招。三是针对就业风险大的学校，制定应急预案，通过统一组织企业招聘，积极化解毕业生就业矛盾。四是加大对民办技工院校办学资金的督查力度，

防止抽逃办学经费。五是从严处理不在办学地址办学、虚假招生宣传、乱收费、出借出租校牌等各类违规办学行为。六是加强经常性安全督查，确保不发生各类责任事故。

第五章

南京与溧阳人才资源跨界
合作的机制和对策

　　南京是南京都市圈的核心城市，物质、信息、知识、技术等生产要素辐射、带动了周边城市的发展，基本形成了以南京为核心的区域分工和合作格局。学术界围绕南京都市圈开展研究，积累一批成果。臧磊等（2013）研究发现南京都市圈产业效率的空间差异呈现由南京为中心的结构向"双核式结构"过渡，总体上南京都市圈产业效率趋向均衡式发展，第二产业的产业效率演化在这个格局中处于主导地位。刘玮辰等（2017）研究南京都市圈内城市之间的相互作用，揭示都市圈内空间联系强度在不断增强，有一体化的发展趋势。也有学者根据南京都市圈相关经济数据，构造指标体系，进行数理统计分析，认为在时间脉络上南京都市圈经济发展轨迹呈"倒U形"，城市差距在逐步缩小，以南京为中心依次形成4个等级圈，各城市之间的要素流强度和外向功能量差异明显，表现出明显的等级性。这些研究成果均着眼于南京都市圈的宏观格局和整体谋划，体现都市圈各个城市以及相互之间融合发展的现状，关于南京与周边城市的发展也是从经济发展视野进行研究，鲜少关注人才资源的城市互动。

　　本章立足南京都市圈，放眼长三角高质量一体化发展趋势，重点研究南京与溧阳在人力资源和产业、经济等领域的跨界合作，推动人才资源在南京都市圈内的快速流动，加强城市间产业、人才等互联互通互融，增强南京都市圈的综合竞争力，提升在长三角区域中的权重和地位，将其打造成为长三角高质量发展合作示范区。

第一节　宁溧跨界合作的优势和基础

2018 年 12 月 21 日下午，在南京召开南京都市圈党政领导联席会议，经共同商议，初步同意将溧阳吸纳为南京都市圈成员地区。溧阳与南京的跨界合作关系进入新的发展阶段。

一　地缘临近的天然优势

溧阳与南京地域相连，人文相亲，两地之间有着经贸往来和产业合作的历史渊源。溧阳与溧水区、高淳区比邻而居，处于南京"半小时通勤圈"之内，高铁、高速、水路等多种交通方式压缩了宁溧时空距离，为区域分工与合作创造了良好条件。近年来，南京城市化进展迅速，溧阳已成为南京向南拓展的辐射地。一方面，南京区域面积广、经济体量大、资金实力强和创新水平高，总体上人才规模和社会保障水平高于溧阳市，可以作为溧阳发展的目标和引才引智的源头；另一方面，从人均国民生产总值和人均可支配收入等方面来看，2010 年至今，两地差距正在逐渐缩小，为两地进行人才资源、产业和技术等对接提供了可以有效合作的物质基础（见图 5—1）。

二　异地公共资源相互吸引

南京和溧阳在人才资源配置上呈现空间分布不均现象。南京作为长三角唯一的特大城市、泛长三角地区承东启西的门户城市和区域科技创新中心，在人才资源、科研成果、就业岗位和医疗资源等方面具有领先优势。溧阳对南京丰富的优质的公共资源存在较大需求，为溧阳人才引进和培养、解决医疗资源稀缺难题等方面提供了区域合作的可能性。

从人才资源禀赋的比较看，南京市在人才资源用量、专业技术人才总数、高技能人才总数、引进高层次人才和引进外国专家等方面具有绝对数量优势，可成为溧阳产业发展所需人才和技术的供应源和蓄水池，将为溧阳经济发展提供坚实的人才支撑。

人均GDP(元)

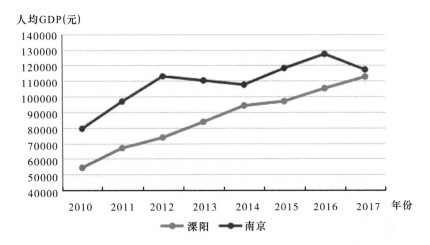

图5—1　南京—溧阳人均国民生产总值2010—2017年比较

　　从科研成果数量看，南京市专利申请与专利授权量均保持两位数增长，科研成果产出量高，而科研成果的就地转化率只有约三分之一，大量成果为其他城市所用，溧阳可以利用地理临近优势，通过主动对接南京高校、科研院所，通过签订契约或协议等合作方式，引进同溧阳城市发展定位、产业导向与能级之间相契合的科研成果，转化为当地生产力，既促进溧阳创新力提升，也增加了就业岗位。

　　从医疗资源分析，南京是溧阳首选的健康产业合作方。溧阳常住人口总数是70.1万人，人口发展已进入老龄化阶段，百岁以上老年人有132名，占全市总人口的万分之1.7，有着中国长寿之乡、世界长寿之乡美誉。但是，从人力资源的供给看，人口老龄化意味着老年人口所占比重过大，而劳动适龄人口所占比重相对下降，随之而来的是社会养老负担加重，社会保障压力加大，人口红利降低，本地医疗资源供给远远跟不上老百姓对优质医疗资源的需求。近距离的南京市拥有丰富的医疗资源，据卫计委统计，拥有各类医疗卫生机构2340个，其中医院、卫生院及社区卫生服务中心358个，疾病预防控制中心17个，妇幼卫生保健机构14个。各类卫生机构拥有病床5.22万张，其中医院、卫生院床位数4.74万张。各类卫生机构共有卫生技术人员7.61万人，其中执业医师及执业助理医师2.81万人，注册护士3.44万人。溧阳市民愿意选择南京高质量医疗资源就近看病就医，实现异地医疗资源共享。

三　南京制度优势跨界扩散

南京能准确把握人力资源和社会保障部、江苏省关于促进高质量发展、做好新时代人才工作的总体谋划。江苏省委十三届三次全会提出"努力在高质量发展上走在全国前列"，具体展开为"六个高质量"，即经济发展高质量、改革开放高质量、城乡建设高质量、文化建设高质量、生态环境高质量、人民生活高质量。这是江苏发展新的目标任务，也是新时代江苏发展的总要求。省委娄勤俭书记到任后，多次强调"坚持系统化思维整体谋划推动工作"。"系统化思维"是指"运用系统化思维推动发展，顶层设计是核心，问题导向是基点，综合平衡是灵魂，三者是有机整体。紧紧围绕顶层设计这一核心，牢牢掌握驾驭全局的主动权；始终坚持问题导向这一基点，精准选择全面推进的突破口；切实抓住综合平衡这一灵魂，力求实现决策效益的最大化"。用系统论的观点方法认知、考虑人才建设和发展问题，既是执政智慧，又是施政理念，更是推进人力资源"高质量发展"的实践要求。

南京全面落实市委、市政府对南京新一轮发展的决策部署。市委、市政府鲜明提出"对标找差、创新实干"的工作要求，以先进地区为参照系，理性看待优势，深入查找差距，勇于争先进位。每万名劳动力中高技能人才数、大学生就业人数、留学回国人员数、城镇登记失业率和城镇新增就业人数五项核心指标列入全市对标找差创新实干总体方案，年底考核全部达到预定目标。为充分发挥南京科教资源优势，南京市委、市政府发出2018年一号文件，明确提出实施创新驱动发展的"121"战略，即建设具有全球影响力的创新名城、打造综合性科学中心和科技产业创新中心、构建一流创新生态体系。南京市人力资源和社会保障局提出青年大学生"宁聚计划"，纳入市委一号文件需配套制定实施细则，"345"海外人才引进计划和博站准博站建设等纳入"十大工程"，还有人才"举荐制""赢在南京"系列创新创业活动等若干项工作均围绕人才展开。2019年继续执行和深化创新名城建设提升创新首位度的若干政策措施，并出台了33个实施细则，对企业、人才、高校、科研院所、新型研发机构等的创新活动给予政策支持。

四　现有合作基础需强化深化

近年来，溧阳一直坚持接轨南京战略，某些领域初步形成了接轨、融入的工作实践。人力资源领域主要是落实了健康产业衍生的社保业务合作和高校合作办学，这为两地下一步开展更深入更广泛的合作打下良好基础。

宁溧基于医疗资源共享的健康产业合作已经具备良好基础，目前溧阳已与江苏省人民医院和江苏省中医院两所三甲医院合作，南京医院派出专家和管理团队，创建在溧阳的医疗分中心，努力建设成苏浙皖医疗合作基地、示范高地。南京航空航天大学和常州市政府、溧阳市政府三方合作，签订《南京航空航天大学与溧阳市人民政府合作办学框架协议》，将建立长期的全方位多层次合作关系，围绕溧阳经济、社会发展需求和产业结构特色，依托南京航空航天大学在学科、科研及人才优势，在决策咨询、科技研发、创新平台建设、科技成果转化、人才培养等方面建立高层次协商机制，定期举行领导会商与交流，并建设南京航空航天大学溧阳校区，形成南京航空航天大学与溧阳地方经济互动发展的良性关系。

第二节　宁溧人才资源跨界合作的机制

一　跨界合作机制

南京与溧阳地缘临近、社会文化传统相融、资源互补性强，同是宁杭生态经济带的重要成员，具备区域跨界合作的天然优势。南京和溧阳在人才资源开发和建设等领域实施跨界合作，应以两地政府为主导、企业为主体，高等学校、中等职业学校、科研院所等机构紧密参与，推动两地在人才资源多领域、多层次、长效性、常态化的交流和合作，推动宁溧合作领域不断拓宽，合作内容日渐丰富，形成宁溧人才产业跨界合作新模式。

　　跨界合作方式可以采取地方政府合作治理、地方政府与高校合作、地方政府与企业合作等多种方式。宁溧政府合作治理指依据特定的协议章程或合同，将优质的公共资源在南京与溧阳之间重新分配组合，获取最大的经济效益和社会效益。宁溧政府与高校合作是指充分发挥南京科教资源丰富和人才资源禀赋优势，通过在溧阳设立分院、与高校合建研究院或研究中心等多种形式，引进适应溧阳经济社会发展的各类高层次人才，激活南京高校的大量科研成果，促成在溧阳实现就地转化，推动溧阳产业升级和城市创新力提升。政府和企业合作指采取构建组织体系、搭建合作平台、提供制度保证等措施，在实践中开启校地校企产学研结合、服务社会的新思路，有效提升溧阳的科技创新能力和人才培养质量。

二　溢出共享机制

　　宁溧两地人才资源在数质量上都表现出明显差异。南京是全国高等教育资源最集中的城市之一，也是全国唯一的科技体制综合改革试点城市。南京拥有83万名在校大学生、82位两院院士；南京人口中大学文化程度占比位居15个副省级城市第一。而溧阳人才资源相对贫乏。受制于政策障碍、市场分割等因素，两地在人才培养、引进、使用和远景规划等方面，尚未形成交流互通的机制。两地人才流动的"极化效应"削弱了边际人才效用，打破这种不平衡的局面不能仅靠市场手段，要在短期内消除市场失灵的弊端，必须依靠行政手段来化解人才流动的负面效应。溧阳通过树立"不求所有，但求所用"的现代人才共享观念，发挥与南京接壤的地理临近和交通便利优势，建立宁溧人才培养与交流共引共育的机制，创新人才共享共用机制，为溧阳社会经济建设培养更多优秀的大学生、高层次人才和高技能人才等紧缺人才，全面提升溧阳城市竞争力。

三　区域学习机制

　　构建区域学习机制的核心是学习和创新，围绕就业创业、人才队伍建设、社会保障、公共服务等重要领域，以正式的和非正式的学习方式，寻标对标南京，有针对性地主动学习南京先进理念、管理经验和好的做法，形成宁溧学习型接轨的长效机制，通过区域学习提高溧阳人力资源和社会保障水平。

标杆学习是一个模仿、改进和创新的过程，以南京人才事业为标杆，将溧阳自身的经办业务、政策措施、管理模式、组织文化等方面与南京进行评价和比较，借鉴学习其先进经验，汲取精华，实现追赶或超越标杆目标。宁溧学习型接轨，可以采取正式学习和非正式学习两种形式。

第三节　推动宁溧人才资源跨界合作的政策建议

一　建立人才共育共享机制，促进宁溧人才交流互通

一是打造宁溧人才交流平台，打通人才流动的绿色通道。通过举办大型人才交流会、高层论坛等人才交流活动，增加人才信息互通的渠道。利用多媒体、大数据平台，共享人才资源，打破信息壁垒，建立人才信息共享机制，提高区域内人才资源的利用率。二是创新区域内人才共育模式，增强人才培养的针对性。根据两地对不同层次、不同行业人才的需求，有针对性地加强人才培养。人才培养与交流方式多样化，包括政府互派、学术交流、校企合作、产学研结合、参观学习等。尤其是对区域内紧缺人才的培养。如：政校企合作订单式的人才培养模式，加强区域间人才合作。三是发挥两地各自优势，达成人才辐射和聚集效应的平衡。加快两地产业结构转型升级，通过建立不同梯度的产业集群带动人才的辐射和聚集效应的平衡。

人才共享共用机制，是指两地人才使用打破传统的地域、行业等限制，实现人才智力资源在南京和溧阳各行业中的自由流动和充分利用，使得原有人力资本产生更大的价值。实质是智力资源共享，做到"智流人不流"。两地政府、企事业单位与市场调控应形成相互合作协同，形成人才合作共识，通过构建多元主体的良性互动机制来确保实现人才共享目的。一方面，加强宁溧两地政府及人力资源和社会保障部门的交流与沟通，主动作为，优化和完善人才政策，充分发挥两地政府的引导作用；另一方面，充分遵循市场经济运行规律，加强市场对宁溧两地人才资源的优化配置，使区域内人才流动与共享更具有活力，形成完善的人才市场体系。

二　构建宁溧共同学习机制，促进区域创新力提升

树南京为溧阳的学习标杆，开展系统性、长效性、针对性的学习活动。以人力资源和社会保障事业的学习标杆活动为例，标杆学习可以分阶段实施：第一阶段是对接南京市人力资源和社会保障局或区人力资源和社会保障局，将南京市人力资源和社会保障系统的规章制度和政策措施汇编成册，组织溧阳市人力资源和社会保障系统工作人员进行全面、系统的学习；第二阶段，有选择地吸收南京人力资源和社会保障事业中的优秀部分，结合溧阳市实际，对之不断进行完善和改进，以适应溧阳当地的民生需求。最后，将对标后的溧阳人力资源和社会保障管理系统进行制度化、规范化处理，形成一种持续自我更新和自我优化的机制。

标杆学习可以采取多种、灵活的学习方式，比如正式学习和非正式学习。正式学习是指由两地政府部门或企业组织或安排自上而下的学习活动，包括培训、讲座、座谈会、报告和研讨会等形式，呈现高度的结构化、组织化、制度化和系统化等特征。非正式学习主要是指在日常工作或生活中，基于内心需要和兴趣进行的自我组织、自我选择、自我决定和自我激励的自下而上的学习活动，比如学习文件、观看南京人力资源和社会保障新闻、收听南京人力资源和社会保障节目、上网浏览南京人力资源和社会保障网站或与人力资源和社会保障相关的 App、与从事人力资源和社会保障工作的专家或学习或面对面交流或电话沟通等等，多渠道了解、获取与南京市人力资源和社会保障相关的信息和资料，并应用到溧阳人力资源和社会保障事业的工作中，推动溧阳人力资源和社会保障事业高质量发展。

三　共创就业创业合作新模式，实现宁溧高质量就业

近年来，溧阳市继续实施就业优先战略和积极就业政策，以实现更高质量和更充分就业为目标，在就业招聘、创业活动和就业培训等方面加强与南京市就业促进处、就业管理服务中心、职业培训中心、国际人才交流中心和人才服务中心或者各区人力资源和社会保障局等部门的对接、交流与合作，充分发挥市场在人才流动和配置中的基础性作用，通过构建面向南京，以人为本、优质高效的人才市场服务体系，推动溧阳就业岗位的增加和就业质量的提升，增强溧阳人民幸福获得感和服务满意度，形成就业与经济社会发展的良性互动发展的局面。一是对接南京人才招聘，为溧阳"四大经济"招揽贤才。比如参与南京招聘。溧阳可采取政府与政府对接、企业与政府对接、企业与学生对接等多种方式，与江苏省人才市场、南京市就业管理服务中心、南京市人才服务中心以及各区人力资源市场等人才服务机构建立合作关系，组织溧阳企业积极参与南京市人才市场或各区人力资源市场举办的高校毕业生公益性招聘会、离校未就业高校毕业生暑期专场招聘会、综合性招聘会和特色招聘会，也可参与江苏省人才市场与高校联合举办的"高校毕业生公益招聘校园行"等招聘会，吸引南京毕业大学生到溧阳就业。二是对接"赢在南京"青年大学生创业大赛等创业活动，吸聚优秀人才到溧阳创业就业。三是对接南京就业培训，为溧阳发展提供紧缺专业人才。

四　构建人才与经济协同发展模式，促进技术成果就近转化率

溧阳全方位、多角度深入接轨南京，需要有充足的人才做保障。近年来，溧阳市重视人才的引进和培养工作。2016年起，开始实施"天目湖英才榜"三年行动计划，举办"天目湖英才榜"人才峰会，扎实推进"溧商回乡工程"。同时积极策应国家人才发展战略，一方面自主培养专家和高技能人才；另一方面科学制订引进人才年度计划，成效显著。为贯彻人才强市战略，溧阳接轨南京三年行动可以和南京市外国专家局、专业技术人员管理处以及培训和职业能力建设处等部门以及各大高校、职业院校、科研院所建立对口联系和合作关系。具体包括：一是

升级完善引才政策，融入南京的引才体系，引进海外高层次人才，优化溧阳人才结构。二是加大宁溧产学研合作力度，引进专业技术人才，加快建成一个适宜南京人才智力来溧阳创新创业的示范基地。坚持以用为本，通过挂任管理职务、安排技术职务、以才引才等方式，大力进行柔性引才引智。南京大学、东南大学等知名高校设立引才引智基地或设立"溧阳育才奖学金"，将引智触角延伸到点上。三是充分利用南京市丰富的培训平台资源，促进溧阳制造业发展。通过政府间、行业间、企业间的对接，以及校企合作的模式，引进南京优质的培训资源，或是选送高技能人才到南京进行培训。

第四节　溧阳人力资源和社会保障事业接轨南京的主要任务

一　打造就业创业宁溧合作新模式

未来三年，溧阳市就业创业工作继续实施就业优先战略和积极就业政策，以实现更高质量和更充分就业为目标，在就业招聘、创业活动和就业培训等方面加强与南京市就业促进处、就业管理服务中心、职业培训中心、国际人才交流中心和人才服务中心或者各区人力资源和社会保障局等部门的对接、交流与合作，充分发挥市场在人才流动和配置中的基础性作用，通过构建面向南京，以人为本、优质高效的人才市场服务体系，推动溧阳就业岗位的增加和就业质量的提升，增强溧阳人民幸福获得感和服务满意度，形成就业与经济社会发展的良性互动发展的局面。

（一）对接南京人才招聘，为溧阳"四大经济"招揽贤才

——参与招聘。溧阳可采取政府与政府对接、企业与政府对接、企业与学生对接等多种方式，与江苏省人才市场、南京市就业管理服务中心、南京市人才服务中心以及各区人力资源市场等人才服务机构建立合作关系，组织溧阳企业积极参与南京市人才市场或各区人力资源市场举办的高校毕业生公益性招聘会、离校未就业高校毕业生暑期专场招聘

会、综合性招聘会和特色招聘会，也可参与江苏省人才市场与高校联合举办的"高校毕业生公益招聘校园行"等招聘会，吸引南京毕业大学生到溧阳就业。

——搭建平台。规划搭建宁溧合作招聘会平台，成立溧阳人力资源和社会保障局与南京市人力资源和社会保障局人才招聘联盟，建立长期联合招聘合作机制，在全国范围内开展系列招聘活动，利用南京区域优势和市场资源招才引智。

——对接高校。深入南京各大高校，举办"魅力溧阳·南京校园招聘会"，吸引南京毕业生到溧阳就业，为溧阳打造"制造、休闲、健康、智慧"四大经济狩猎合适的人才。

——引进10家南京知名人力资源服务企业、1家国际知名"猎头"公司，加快溧阳市人才资源的市场化配置过程，让市场对人才形成自动生发机制，达到在招引人才时政府与市场保持均衡关系。

规划目标：2018年，溧阳企业参加南京招聘会达到100家次，2019年达到300家次，2020年达到500家次。

（二）对接南京创业活动，吸聚优秀人才到溧阳创业就业

（1）举办创业大赛

——溧阳借力南京的创业就业平台，将南京青年大学生作为溧阳创新创业的潜在目标群体，谋划《溧阳市引进南京高校青年大学生创业引领计划》等政策的顶层设计和实施，吸引青年大学生来溧阳创业，建设宁溧大学生创业园。

——参与南京市组织的青年大学生优秀创业项目遴选活动，对接优秀创业项目，三年内争取100个江苏省大学生优秀创业项目落户溧阳。

——溧阳市和南京各大高校合作，在南京举办"魅力溧阳·青年大学生优秀创业项目"遴选活动，对产生的优秀项目给予资助扶持，争取在溧阳落地。

——对接南京"赢在南京"青年大学生创业大赛，争取在溧阳设立"赢在南京"青年大学生创业大赛溧阳分赛区，广泛发动青年大学生携带创业项目积极参赛，利用南京的品牌和资源，对获奖的优秀创业项目给予资助，争取留在溧阳。

——组织溧阳籍大学生参加全国第三届"互联网＋"大学生创新创业大赛、"创响江苏"大学生创业大赛等比赛，在更高层次的平台上展现自己积极创新创业的热情和风采，对获奖选手给予资助，鼓励其回溧阳创业就业。

规划 2018 年，引进 30 个江苏省大学生优秀创业项目落户溧阳，100 个溧阳籍大学生回家乡创业；2019 年，30 个江苏省大学生优秀创业项目落户溧阳，100 个溧阳籍大学生回家乡创业；2020 年，40 个江苏省大学生优秀创业项目落户溧阳，200 个溧阳籍大学生回家乡创业。

（2）对接南京高校

——借鉴南京支持大学生就业创业的经验，规划到 2020 年溧阳与 50 所南京高等院校、技师学院、高等职业学校、科研院所等组织建立战略合作关系，在南京各大高校、科研院所等网站设立"魅力溧阳"栏目，及时发布溧阳人才需求情况、"天目湖英才榜"三年行动计划、领军人才创业支持政策等信息，宣传溧阳引进人才政策，吸引南京毕业生来溧阳就业创业。

——规划到 2020 年与 50 所南京高等院校、中等职业学校等学校联合举办"大学生创业大赛"，对获奖并落地溧阳的项目最高可给予 10 万元奖励，吸引其来溧阳创业就业。

——对接南京高校，在江苏中关村科技产业园、江苏省溧阳经济开发区和苏皖合作示范区建设 30 个大学生实习就业基地，以园区内大中型企业、科研机构和重点工程项目为依托，为溧阳智能电网产业、动力电池产业、汽车及零部件产业、农牧与饲料机械产业等提供高级劳动力，鼓励实习成绩优秀者留在溧阳就业。

——策划组织 30 批次南京高校研究生到溧阳开展社会实践活动和大学生就业见习活动。

（三）对接南京就业培训，为溧阳发展提供紧缺专业人才

对接南京的就业培训工作，一方面可以借鉴南京就业培训中较为成熟的机制和办法，进一步增强就业培训的有效性，破解目前就业培训工作中存在的培训与就业脱节的问题；另一方面可以瞄准溧阳产业发展特色，有针对性地选择在南京开设旅游管理、酒店管理、养老护理等专业

的学校，联合进行定向委托培养，为溧阳旅游业、酒店业、养老产业培养专业人才，提升管理水平，增强就业岗位的稳定性，促进溧阳健康产业、休闲产业的可持续发展。

规划 2018 年，实现 5 批次 500 人定向委托培养目标；2019 年，实现 20 批次 2000 人定向委托培养目标；2020 年，实现 20 批次 2000 人定向委托培养目标。

二　构建人才与经济协同发展模式

溧阳全方位、多角度深入接轨南京，需要有充足的人才做保障。近年来，溧阳市重视人才的引进和培养工作。2016 年起，开始实施"天目湖英才榜"三年行动计划，举办"天目湖英才榜"人才峰会，扎实推进"溧商回乡工程"。同时积极策应国家人才发展战略，一方面自主培养专家和高技能人才；另一方面，科学制订引进人才年度计划，成效显著。为贯彻人才强市战略，溧阳接轨南京三年行动可以和南京市外国专家局、专业技术人员管理处以及培训和职业能力建设处等部门以及各大高校、职业院校、科研院所建立对口联系和合作关系。

（一）引进海外高层次人才，优化溧阳人才结构

——升级完善引才政策。借鉴南京"345"海外高层次人才引进计划和南京市留学人员科技创新项目择优资助计划，制定新一轮溧阳人才引进新政策。"345 计划"包括 3 个子计划，分别是急需紧缺外国专家引进计划（又称"3 计划"），海外高端创新团队集聚计划（又称"4 计划"），以及海外专家工作室柔性引才计划（又称"5 计划"）。南京市留学人员科技创新项目择优资助计划，鼓励留学人员带回国外先进技术、研发、管理经验，参与南京经济建设，用 5 年时间，择优资助 1000 名在南京科技创新的高层次留学人员，带动 10000 名留学人才来南京就业。对留学回国人员在南京的创新活动，经认定，择优给予用人单位最高 10 万元的一次性资助，用于项目的研发。入选的留学人员还可享受住房保障、生活服务、出入境便利等方面的服务。

——融入南京的引才体系。本着溧阳企业对高端人才的需求，积极参与"中国留学人员南京国际交流与合作大会"和南京海外人才创业

大赛，专设溧阳展位进行参展、引才宣讲，利用南京成熟的高层次人才引进平台，吸引溧阳急需的留学生人才，创建留学生创业园，提高引才效能。

——共享高层次人才。通过柔性引进或是企业间合作、技术交流等方式，遵循"不求所有，但求所用"的原则，为动力电池、智能电网、高端智能装备等领域的南京高层次人才在溧阳工作创造便捷的条件，提供优质的服务，给予优惠的政策。这种方式既可以解决高层次人才为溧阳服务的实际需求，又有效降低了高层次人才引进成本，增加了各类高层次人才引进的可能性。

规划到 2020 年，溧阳市引进海外留学人员 100 人，海外高层次人才 100 人，每年组织 50 家溧阳企业参加"中国留学人员南京国际交流与合作大会"。

（二）引进专业技术人才，促进宁溧产学研合作

——溧阳市可以利用南京市丰富的专家资源，跨地域组建相关系列的职称评审委员会，或是邀请南京市专家参与到溧阳的职称评审工作中，增强溧阳专业技术人员职称评审工作的公平性，提高评委会评审水平。

——加大宁溧产学研合作力度，提高南京科研成果在溧阳的转化率，加快建成一个适宜南京人才智力来溧阳创新创业的示范基地。遵循产业发展规律和溧阳产业规划要求，实行研发在南京、生产在溧阳的发展模式，支持溧阳企业与南京大学、南京工业大学、南京农业大学、南京农业机械研究所等高校或科研院所联合建设重点实验室、工程技术研究中心、工程实验室和企业高技术中心，鼓励联合申报国家、省科技计划项目，通过宁溧产学研协同创新提升溧阳产业的核心竞争力。以项目为依托，积极引进溧阳智能电网、动力电池、汽车产业、农牧与饲料机械产业等制造业需要的科研人才和先进技术，最大限度地实现园区招商引资和承接南京人才智力的有效结合，解决溧阳制造企业的"技术人才荒"问题。

——坚持以用为本，通过挂任管理职务、安排技术职务、以才引才等方式，大力进行柔性引才引智。围绕企业转型升级的人才需求，

从南京引进高层次人才挂任溧阳企业副职、内设机构中层职务；为促进南京与溧阳产业的深度融合，探索实行引进南京科技人才挂职团队。溧阳各类企业加强与南京名校名所的院士、知名专家学者的合作，视情况安排引进人才担任企业创新的首席专家、技术顾问或领衔参与重大研发项目，在专项研发、技术攻关、实验室建设等方面加强与南京高层次人才的交流合作。注重发挥已引进南京高层次人才特别是领军人才的人脉资源效应、影响力强、师范效应突出等优势，充分运用地方人文文化以及溧阳籍在外知名人士在引才引智中的作用，吸引和集聚更多人才和团队来溧阳创新创业，实现以才引才的规模效应。

——扩大溧阳博士后科研工作站覆盖面，设立博士和博士后科技创新创业基金，鼓励支持重点骨干企业积极创造条件申报国家级、省级博士后科研工作站，鼓励博士后科研工作站和博士后创新实践基地针对工作需要到南京招收博士生。对接南京 22 所高校和 6 个科研院所的博士后流动站，争取在溧阳设置博士后流动站分站，引进先进技术、科研项目和企业需要的高层次人才。

——在南京大学、东南大学等知名高校设立引才引智基地或设立"溧阳育才奖学金"，将引智触角延伸到点上。

借鉴南京专业技术人才队伍建设的经验，溧阳在专业技术人才队伍建设方面的规划目标是，2020 年，享受政府特殊津贴人员新增 1 人、江苏省有突出贡献中青年专家新增 2 人，国家级博士后科研工作站新增 2 家、省级博士后鼓励博士后创新实践基地新增 2 家。

（三）培养高技能人才，促进溧阳制造业发展

——借鉴在高技能人才政策上的有效举措。南京市从 2012 年起，就由市财政拨出专款，实行政府购买高技能人才培训成果，到 2014 年，已基本实现了所有职业技能等级和职业工种的全覆盖，极大地调动了企业职工的培训热情。南京市每年创建 7 个市级技能大师工作室，举办 10 期高技能人才研修班，每两年评选一次有突出贡献的高级技师、技师和市技术能手，充分发挥了优秀高技能人才的引领和示范作用。2017年，在南京出台的人才安居办法中，规定了高级工以上的技能人才可以

在南京直接落户，吸引力较大。2018 年，南京市针对优秀高技能人才开展了外出休养和健康体检工作，极大地提高了高技能人才的荣誉感和社会认可度。

——充分利用南京市丰富的培训平台资源。通过政府间、行业间、企业间的对接，以及校企合作的模式，引进南京优质的培训资源，或是选送高技能人才到南京进行培训。这种方式具有较强的针对性，能够有效地满足企业对高技能人才的实际需求，且简单易操作。

——吸引南京技能人才到溧阳工作。南京市每年除了 24 所技工院校的 2 万多名毕业生外，还有大量的中职、高职毕业生，溧阳可以发挥地理优势，南京的技工院校和职业院校，以企业冠名班的形式定向培养技能人才，增强吸引技能人才的稳定性和针对性。

——制定特殊的优惠政策，鼓励企业通过行业间的交流吸引南京的优秀高技能人才到溧阳工作。

规划 2018 年，溧阳组织优秀高技能人才外出休养一批次共约 30 人，健康体检一批次约 100 人，创建 2 个市级技能大师工作室，举办 3 期高技能研修班，对接南京院校，开设 1 个企业冠名定向培训班。2019 年，溧阳组织优秀高技能人才外出休养一批次共约 30 人，健康体检一批次约 100 人，创建 2 个市级技能大师工作室，举办 5 期高技能研修班，对接南京院校，开设 2 个企业冠名定向培训班。2020 年，溧阳组织优秀高技能人才外出休养一批次共约 30 人，健康体检一批次约 100 人，创建 2 个市级技能大师工作室，举办 5 期高技能研修班，对接南京院校，开设 2 个企业冠名定向培训班。为溧阳市先进制造业发展提供坚实的技能人才支撑。

三　推进宁溧社会保障同城化

——溧阳社会保障工作关系民生福祉，关系和谐稳定。溧阳未来社会保险工作可借鉴在南京社会保险领域推行的政策措施、制度保障和工作方法，探索构建溧阳、南京两地社保合作机制，引进南京全民参保登记电子地图先进做法，促进溧阳建立完善的社会保险参保登记基础数据库。南京市于 2014 年率先开展全民参保登记工作，按照简便高效、覆盖全民的原则，采取以信息比对为主、重点入户调查采集为补充的方式开展全民参保登记，全面摸清了全市单位和个人参加社会保险的整体情况，建立了较为完善的社会保险参保登记基础数据库。2016 年开发了"南京市全民参保登记电子地图"，详细标明南京市各区每家单位和每个人的参保状况，并对未参保登记单位及人群、中断缴费人员或参保险种不全人员进行了标识，直观反映全市全民参保登记情况，并对未参保单位和个人进行精准扩面，提高扩面工作的针对性，为社会保险由"广覆盖"转向"全覆盖"提供数据支撑。依托南京市信息中心平台，汇集公安、编办、工商、民政、教育、卫生等15 个部门的相关数据，实现对各部门的新增单位和个人数据信息动态更新和数据共享。

——与南京签订异地就医合作协议，实现两地双向异地就医医疗费实时结算，既解决溧阳群众异地看病报销难问题，也为宁溧双方人员往来提供便利，有助于推动宁溧人才流动、引进，为引进高层次人才、专业技术人才和高技能人才等各类人才解决医疗上的后顾之忧，推动宁溧同城化进程。

——加快参保人员社保关系异地转移的工作效率，缩短办理转移关系的时间，提升两地公共服务能力。

——加强异地委托定点医疗机构稽核管理，优化和完善溧阳社保基金监督管理机制，推进基金监管的常规化、标准化、智能化和社会化，不断增强基金监管的能力和水平。

四　提高公共服务水平

注重数字技术、信息网络技术和新型传媒技术在人才公共服务领域的应用，建设信息共享、服务协同的一体化平台，推动溧阳人才公共服务均等化、标准化和信息化建设。

——构建高度信息化、网络化的人才信息系统，通过整合线上线下资源，进一步创新人才公共服务方式。档案管理、人事代理、人才招聘、继续教育、职称评价等服务均可以网上办理，实现事项网上预审、业务网上办理、信息网上查询、疑问网上解答和进度网上告知。

　　——建立溧阳高校毕业生精准服务平台，与3个产业园区、高校和企业广泛对接相关工作，构建企业人才需求和毕业生生源数据库，建立企业和毕业生之间的供需对接信息数据库，实现精准对接，提高毕业生就业率，解决企业招人难问题。

第六章

南京城市创新系统的
演化及优化研究

党的十八大提出要实施创新驱动发展战略，加快转变经济发展方式。党的十九大提出加快建设创新型国家，包括：要瞄准世界科技前沿，强化基础研究，实现前瞻性基础研究、引领性原创成果重大突破。加强国家创新体系建设，强化战略科技力量。倡导创新文化，强化知识产权创造、保护、运用等。国务院把南京定位为长三角区域唯一的科技创新中心，进一步确立了南京在国家创新体系中的重要地位。

第一节　研究的战略意义

一　呼应国家实施创新驱动发展战略加快建设国家创新系统的战略

党的十八大提出要实施创新驱动发展战略，加快转变经济发展方式。科技创新是提高我国综合国力的战略支撑，处于国家发展全局的核心位置。以全球视野谋划和推动创新，在提高原始创新、集成创新和转化创新能力的同时，要更加注重协同创新。协同创新是其他创新方式的补充、提高，是新形势下我国高校、科研院所和企业之间为实现共同目标而构建战略性合作伙伴关系、形成区域创新系统的有效捷径。国务院把南京定位为长三角区域唯一的科技创新中心，进一步确立了南京在国家创新体系中的重要地位。南京大学属于 211 院校和 985 高校，每年在国内外刊物上发表的论文数量和质量在我国高校中名列前茅，在某些专业领域达到了国际学术的一流水平。南京化学工业在全国地位显赫，采取绿色清洁生产工艺改造原来的高碳生产方式，基于提升园区内产业链合作，由社会—园区—企业三层面共同打造的绿色化工生产网络，在绿色化工方面成为全国典范和学习标杆。无论是研究领域还是企业技术创新领域，各创新行为主体增强了相互联系、协同合作、共同创新的意识，南京已经从传统的独立封闭式创新系统逐步向开放协同的城市创新系统演化，这正呼应了我国实施创新驱动发展战略、加快建设国家创新系统的战略部署。

二　为南京"创新驱动、内生增长、绿色发展"道路提供理论基石

当前，南京进入创新型经济发展的关键突破期。南京市适时提出"创新驱动、内生增长、绿色发展"的发展战略。创新驱动、内生增长、绿色发展，是科学发展观内涵的集中体现，是经济社会转入以人为本、全面协调可持续发展轨道的内在要求。总的来看，创新驱动、内生增长、绿色发展是一个相互依存、相互促进的整体，科技创新是贯通整个体系的关键环节，创新驱动是带动全局的核心战略，抓住创新驱动，就抓住了战略的龙头。本课题对南京城市创新系统从整体观、系统论的视角进行时间序列的创新发展历程分析，初步构建研究南京创新系统的理论框架，梳理南京创新发展的历史进程，发现区域创新中存在的问题和制约因素，为南京实施创新驱动发展战略提供翔实的理论依据和决策参考。

三　为南京推进科技体制改革和建设创新型城市开拓新思路和新路径

南京市拥有丰富的科技资源禀赋、创新能力突出的科技人员队伍，具备了科技创新的良好基础。南京是全国唯一一家科技体制综合改革试点城市，近年来南京投入了大量的人力、物力、财力引导科技资源的优化整合、引导创新资源向创业的转化，初步实现了政产学研的衔接、科技与经济的对接。在全国科技创新大会精神的指导下，南京明确了科技体制改革的方向，坚持把科技摆在优先发展的战略位置，将科技视为第一生产力、创新视为第一驱动力，激发全社会创造活力，推动科技实力、经济实力、综合国力实现新的重大跨越，让南京成为名副其实的创新型城市。本课题研究南京城市创新系统的演化和优化，着眼于南京市不同科技创新行为组织的协同和合作，强调通过以企业为主导，实现企业、高校、科研院所之间的互通、交流，而这正是体现了科技体制改革的核心思想。本课题基于科技创新资源的协同合作，来解决区域创新问题，提升区域创新水平和综合竞争力。

第二节　南京城市创新系统的演化过程

一　南京城市创新系统的现状

南京市拥有独特、充裕的创新资源禀赋，比如高校数量在全国名列前茅、科研成果硕果累累、科研院所等研究机构实力雄厚、企业研发机构数量多，在很多研究领域或产业生产技术上南京代表了国家先进水平，甚至在国际上享有较高的知名度。本部分以南京为研究对象，将南京城市创新涉及的要素纳入研究范畴，运用系统论的理论和方法研究南京城市创新系统的演变过程，归纳演变的特征。

南京城市创新系统是指由南京的企业、高校、科研院所等创新行为主体和金融支持机构、中介服务机构、管理机构等创新环境要素之间相互依存、相互联系而形成的以知识创新和技术扩散为核心、以促进技术进步和经济社会发展为目标的开放复杂的社会经济系统。对于创新系统的认识和理解参考了王缉慈（2001）提出的区域创新系统概念，认为创新系统是由创新网络的各个节点在协同作用中结网而创新，并融入区域的创新环境而组成的系统。

（一）城市创新系统的指标体系

从衡量城市创新能力的实际出发，依据科学性、系统性、动态性以及可行性等原则，构建了基于时间序列的南京市创新系统的综合能力评价指标体系，以知识创新、技术创新、金融创新、服务创新、协同创新和创新环境等为二级指标，并选择 18 个指标为三级指标进行数理分析。在这个评价指标体系中，知识创新是南京城市创新的根基和源泉，技术创新是推动南京城市实现创新驱动发展的内在动力机制，金融创新是南京城市创新实现产业化的根本保障，服务创新是提升南京城市创新成果就地转化率的催化剂，协同创新是增强南京城市创新竞争力和经济持续发展的引擎，创新环境对南京城市创新能力起着综合和重要作用。

知识创新能力相当于一个区域的知识储备池，既能在短期内发挥出创新转化的爆发力，同时又将影响或决定城市未来的创新水平。知识创新能力的主体是高等院校和独立的研究与发展机构，主要由高等院校的科技活动人员数、独立研究与发展机构的科技活动人员数、高等院校的 R&D 人员数、独立研究与发展机构的 R&D 人员数、高等院校的 R&D 课题数等指标构成。技术创新能力是将知识转化为具体技术、产品的体现，其主体是企业，根据南京市科技统计年鉴的数据显示，课题组主要采用反映大中型企业技术创新能力的指标，包括大中型工业企业科技活动经费筹集数、大中型工业企业技术开发机构数、大中型工业企业 R&D 人员数、大中型企业 R&D 课题数 4 项衡量技术创新的投入产出能力的指标构成。金融创新能力是创新的资金保障能力，主要选取年末金融机构各项贷款余额、南京各银行的科技贷款总额 2 项指标。中介服务创新能力是力促知识创新实现商业化的桥梁和催化剂，主要由技术贸易成交额、技术咨询交易额、技术服务技术交易额 3 项衡量中介服务能力、咨询能力和教育培训能力的指标构成。协同创新指标主要体现高等院校、独立研究与发展机构以及大中型企业之间的创新交流与合作，包括高等学校技术转让合同数以及技术转让合同金额等指标。创新环境包括全社会 R&D 经费占国内生产总值的比例、地方财政科技拨款占财政实际支出的比例等指标。

（二）城市创新系统的综合评价

1. 数据获取

基于对南京市科学技术委员会科技信息研究所进行的实地访谈，获取了 2010 年和 2011 年《南京市科技工作年报》。同时在南京市科委网站上下载了 2002—2009 年的科技年鉴。由于难以获取 2001 年以前的统计数据，因此，课题组对现有 2002—2009 年的数据进行了数理分析，对该时段的城市创新系统进行综合评价，并结合 2010 年和 2011 年的相关数据，进行了补充说明。

2. 研究方法——主成分分析法及聚类分析方法

主成分分析的特点是将数据线性压缩而又能解释原有变量，寻求随机向量主成分的统计分析，并加以解释，称为主成分分析，其原理为：若 $X_{n \times t}$ 是 n 个对象 t 个指标的观察数据矩阵，X^* 是 X 的标准化矩阵，设 Corr （X）＝ ∑ 的特征值和相应单位特征向量分别为 λ_1，λ_2，…，λ_t；a_1，a_2，…a_t，X^* 的全部主成分是 $y_i = a_i X^*$，i＝1，2，…，t，设主成分分析认定只需选取 k 个主成分，即 $|\lambda j| > 1$，j＝1，2，…，k，$\lambda_1 > \lambda_2 > \cdots > \lambda_k$ 且 $\sum_{j=1}^{k} \lambda j / \sum_{j=1}^{t} tj > 85\%$，取公共因子为 $f_i = y_i / \sqrt{\lambda_i}$，i＝1，2，…k；令 A＝（$a_1, \cdots \overrightarrow{a_t}$）是正交阵，由 Y＝A' X^*，将 A 剖分，A＝（A_1，A_2），其中 $A_{1=}$（$a_1, \cdots, a_k$），则

$$X^* = B \begin{pmatrix} f_1 \\ f_2 \\ \cdots \\ f_k \end{pmatrix} + u$$

其中可取 $\Lambda = B_1 = A_1 \mathrm{diag}$（$\sqrt{\lambda_1}, \cdots, \sqrt{\lambda_k}$）为因子载荷距阵，$\lambda_{ij}$ 为第 i 个变量在第 j 个因子上的载荷，f_1，…，f_k 为公共因子，$u = \sum_{j=k+1}^{p} y_j \overrightarrow{a_j}$ 为特殊因子，且满足 E（$\overrightarrow{f}$）＝0，Var（$\overrightarrow{f}$）＝I，E（u）＝0，Cov（$\overrightarrow{f}$，u）＝0。

主成分法的优点是：第一，计算简单，只要计算特征值、特征向量即可得到因子负荷矩阵 B_1；第二，公共因子 f_1，…，f_k 是 X 前 k 个主成分标准化，是可观测随机变量的线性组合，其含义容易由主成分分析看出；第三，k 可适当选取，使共性方差较大。

根据主成分分析及聚类分析方法和原理，本课题计算的操作步骤如下：

第一步，对样本数据作标准化处理，以消除各指标变量间在数量上或量纲上的不同而产生的影响；

第二步,利用 SPSS13 软件计算样本相关系数矩阵、共同度表及 KOM 检验值,以检验统计数据是否满足进行因子分析的前提;

第三步,依据 SPSS13 软件计算初始因子分析主成分因子结果或正交旋转后主成分因子分析的结果来确定因子的个数。通常假定主因子的特征值必须大于 1,并且按照因子分析的原则,所选取的主因子对方差的累计贡献率应达到 85% 以上;

第四步,依据 SPSS13 软件计算初始因子的载荷矩阵或方差极大化旋转后的载荷矩阵,求出各主因子的权重及得分,通常方差极大化旋转后的载荷矩阵的主因子更容易解释;

第五步,依据 SPSS13 软件计算主成分初始因子分析的结果或正交旋转后主成分因子分析的结果计算综合因子的权重及得分,利用综合因子得分进行分析。

第六步,对因子得分进行聚类分析,划分演化的时间节点。

3. 南京城市创新系统创新能力综合评价

在利用主成分分析法对 2002—2009 年度南京市城市创新系统的 18 个指标进行评价时,其样本相关系数大多数均超过 0.3,其共同度表及巴特利特球体检验都通过检验,其方差累积贡献率在 83.63%—92.01%,符合要求,可利用主成分分析法。

在对主成分构成情况进行分析时,尽管 2002—2009 年度主成分构成以及主成分的构成指标有所不同,但综合分析后可大概归纳为三类主因子。第一类主因子可称为知识创新发展主因子,包括高等院校的科技活动人员数、独立研究与发展机构的科技活动人员数、高等院校的 R&D 人员数、独立研究与发展机构的 R&D 人员数、高等院校的 R&D 课题数、大中型工业企业科技活动经费筹集数、大中型工业企业技术开发机构数、大中型工业企业 R&D 人员数、大中型企业 R&D 课题数等;第二类主因子称为制度创新发展主因子,包括年末金融机构各项贷款余额、南京各银行的科技贷款总额、全社会 R&D 经费占国内生产总值的比例、地方财政科技拨款占财政实际支出的比例等;第三类主因子称为合作创新主因子,包括技术合同成交额、技术咨询交易额、高等学校技术转让合同数和高等学校技术转让合同金额等。根据这三类主成分进行因子得分计算，并将计算结果进行聚类分析，结果显示 2002—2007 年为一类，2008—2009 年为另一类，基本符合南京城市创新的实际演化特点。

综上，结合对南京城市创新系统历史发展过程及现状的定性分析，认为南京城市创新系统的演变基本上可以分为独立发展阶段、开放式合作发展阶段和网络化发展阶段。

二 南京城市创新系统的演化

（一）独立发展阶段

在特殊的科研体制和区域经济制度下，南京创新资源分散在高校、科研院所、企业研发机构等不同的行为主体中，呈现为各自独立发展、互不干扰的发展模式，高校、科研院所追求学术理论在国际前沿领域中的地位，高校的科研体制和科研导向将高校专家学者推向以在 SCI 刊物上发表论文为荣耀和能力的体现，高校的研究和开发项目与本地企业的创新需求几乎是完全脱节的，更谈不上企业和高校、科研院所之间建立长期稳定的合作关系了。这个阶段，南京城市创新系统主要呈现知识创新子系统与技术创新子系统之间独立、封闭、缓慢发展的特点。

（二）开放式合作发展阶段

开放式创新概念是由美国学者 Henry W. Chesbrough（2003）在其《开放式创新：从技术中获利的新策略》一书中首次提出的。所谓"开放式创新"是均衡协调企业内部和外部的资源来产生创新思想，不仅仅把创新的目标寄托在传统的产品经营上，还积极寻找外部的技术特许、技术合伙、战略联盟或者风险投资等合适的商业模式来把创新思想变为现实。主要的促动因素包括在信息化和全球化背景下掌握熟练技能的人力资源变得易获得和流动性、风险投资市场的兴起、外部思想的可用性以及不断增强的外部供应商的能力等。此外，技术市场交易成本和技术内部研发成本过高也是开放式创新的原因之一。

南京城市开放式合作创新模式的运作特征体现为：在全球范围搜寻技术创新源、扩大技术收益、购并与转移技术、强化研发联盟、推动产学合作、运用风险基金与政府资源、鼓励内部创业等。因此，开放式创新可以使企业拥有更多的创新资源，掌握更新的技术，也有利于分散创新风险、降低创新成本、提高创新速度和提升企业知识识别、知识获取以及知识应用嫁接的能力。

（三）网络化发展阶段

这个时期，南京市的企业开始意识到仅凭自身的研发能力很难实现新产品的研制和开发，尽管实现了新产品的试生产却发现研发成本过高导致产品定价过高而失去了市场优势等问题。因此为降低企业的研发成本，企业开始寻求外界创新资源的支持，通过与南京市高校、科研院所建立战略合作伙伴关系，建立产学研合作基地等多种方式的研发联盟来增强企业的创新能力。同时知识创新源的大学和科研院所要想使自己的科研成果适应市场的需要，就需要加强同技术创新主体——企业之间的联系，而且这一阶段政府政策也由单独推动技术创新逐步转变为向市场多元主体共同推动技术创新，科研院所、大专院校与企业之间的垂直一体化联系在市场作用下进一步加强，中介机构得到较大发展，企业与创新系统的实力得到增强，表现为新产品不断涌现，创新能力不断提升和加强。这个时期，网络化创新发展阶段主要体现以下两个特点。

第一，进入网络的成员数量日益增加，网络密度加大，网络内成员之间开始出现合作倾向，企业、大学、科研院所、金融机构及其他中介机构等在空间上开始集聚分布，主要局限在特定的区域内，逐步形成了产业集聚区。经过多年的发展和市场竞争，加上政府不失时机地加以引导，在技术、人才、资金密集的区域，依托当地大学、研究机构丰富的科技资源优势，已逐步形成了区域创新网络。第二，合作关系呈多元化趋势，以产业界和研究机构之间的垂直研发合作为主，企业之间的水平合作较少。

第三节　南京城市创新系统存在的问题

一　创新存在的风险掣肘创新步伐

城市创新系统的重要功能在于促进创新主体互动和科技资源集成共享，构建能激发区域创新活力和动力的网络组织。因此，促进南京市各个区县、各类创新资源的集成，打破不同所有制、机构、区域限制的围墙，建立新型创新组织机制，以重大产品创新或项目创新为载体，加速培育产业集成创新优势，不断提高科技资源的使用效率是南京城市创新系统必须具备的功能。然而，在发挥南京城市创新系统集成创新功能的过程中存在企业、政府、高校等不同创新行为组织之间的目标冲突问题、政府创新管理中的项目风险问题以及创新行为组织的道德风险问题，直接掣肘着城市创新的步伐。

企业是城市创新系统的主体，城市中科技创新活动需要政府科技政策的引导和支持。政府、企业、高校、研发机构的创新目标各有偏重。这样，就会导致因为创新目标定位而造成的创新活动的方向性问题而带来的风险。这是因为政府的政策并非对所有的创新活动都能发挥有效的作用，而且政府与城市创新系统其他创新要素之间在利益分配方面的合理性也会影响城市创新系统中创新活动的有效实施。

南京科技创新政策引导城市创新发展主要是通过产业项目的选拔、立项、资助等形式实施的。而创新项目在实施的过程中受内外因素综合影响而隐含着技术风险、合作风险、财务风险和市场风险等不易预测的状况。技术风险是由于技术创新活动达不到预期目标而面临失败的风险，这在生物医药产业的微型企业中是普遍存在的现象。很多从事药物开发的创新型企业，由海归带着在国外取得的药物前期研发成果来南京创业，而这些研发成果要实现产业化过程，在动物试验成功之后还需要进行临床试验等环节，很多药物在经历了临床 1 期和临床 2 期的成功之后，夭折在临床 3 期。在创新成本不断提升的内部因素压力下，企业往往选择建立战略联盟、供应链合作、与高校科研院所开展技术合作等方式，借助外界的力量从事新产品开发，然而合作双方在相互博弈合作过程中由于缺乏信任，或者合作目标出现偏差等因素导致项目半途而废。财务风险是指在合作过程中共同投资时，由于筹资、投资、资金营运和分配策略的失误，可能发生资金周转不灵的矛盾进而导致的风险。市场风险是指合作创新的成果不能真正获得市场竞争优势的风险。

根据统计资料，南京在城市科研投入中，政府在企业、科研院所等创新行为组织的科研经费投入中占据了较高比重。2011 年南京市独立研究与开发机构科技经费筹集额达 59.9 亿元，其中政府资金达到 38.7 亿元，占比 64.6%。同年，南京市共下达高新技术产业化专项经费 2200 万元，市科技型中小企业创新基金项目 38 项，支持经费达 1130 万元。2011 年南京市共争取了 34 个国家创新基金项目，国家拨款 2471 万元。近年来南京在城市科技创新上投入的财力、物力不断增加，但是政府的创新投入资源可能会因为监控不严而被创新活动承担者挪作他用，甚至会因为暗箱操作而部分流失。合作体系中一些企业可能对另一些企业存在依赖性，这样可能导致一些企业要挟其他依赖自己的企业、逃避责任、争夺更多的利润。这些因素的存在可能会使得合作协议难以有效地实施。当合作中存在监控漏洞、违背协议、要挟等道德败坏事件发生时，可能导致合作体系中各参与者缺乏信任，合作关系受到严峻的考验。由于创新系统存在的创新行为组织道德风险引致创新失败应成为创新系统中重视且着重解决的问题。①

二 人才结构体系不合理

一切创新来源于人才。城市创新系统中最重要的因素是人的因素。系统工程理论告诉我们，系统的结构决定系统的功能。在城市创新系统中，不同层次的人才构成了一个人才子系统，人才子系统的结构直接决

---

① 刘楠：《基于合作创新的道德风险与对策研究》硕士学位论文，西安电子科技大学，2006 年。

定着城市创新系统中人才创新能力的发挥。城市创新系统中的政府管理人才、企业家人才、科技人才和专业技能型人才构成了一个宝塔形的人才结构体系。在城市创新系统中，既要有引航导向、统筹规划、高瞻远瞩的政府领导人才，也要有统领"三军"、冲锋陷阵的企业家人才，还要有善于把战略蓝图变为现实的科研人才和实干型人才。只有这样，才能发挥互补性的整体功能，才能融合各种创新思维，发挥人才群体的规模创新效益，保证城市创新系统的顺利建立和高效运行。从南京市目前的人才结构现状看，缺乏一个和城市创新系统相匹配、科学合理的创新人才结构。

第一，企业家人才需要从企业主管向企业家转变。企业家是城市创新系统的重要主体。实践活动证明，为了使一项研究成果变成物质财富，一般用在发明上的力量是10%，而用在工业化上的力量则为90%。虽然产业革命的科学基础来自科学家和发明家，但产业革命的真正实现无疑应归功于企业家，企业家群体对一个城市的经济有着重要的影响。经过经济转型的阵痛和市场经济的激烈竞争，南京市涌现了一批优秀企业家。他们具有强烈的市场观念、竞争意识和进取精神，具有现代企业家所具备的良好素质；他们所经营的企业也逐渐走向规模化、科技化和国际化，成为社会主义市场经济中极为活跃的经济成分。但与世界上的一些跨国集团相比，我们的差距仍然很大。南京企业在文化素质、经营理念、开拓创新等方面还不能适应城市创新系统建设的需要。要培育实力雄厚、竞争力强的大型企业，我们需要更多优秀的企业家。他们不仅需要具有企业家的基本素质，更需要具备企业家特有的冒险精神、创新精神和竞争意识，必须实现素质的提高和角色的转换，即由过去的企业主管者向企业家角色转变。

第二，科技与管理人才显数量优势缺结构优势。首先，科技人才使用不当。很多优秀科技人才在取得一定的科研成就之后，选择成为科研机构的行政领导，主要精力放在处理繁杂的行政事务上面，从而不能够集中精力搞科研，导致很多没有领导职务或职务级别低或职称级别不够高的科技人才缺乏创新动力，习惯于低水平的重复科研；对青年科技人员急于求成、揠苗助长，重视年轻化，而不重视实际水平等，结果既不利于青年科技人才的成长，也挫伤了许多中老年科技人员的积极性，无法实现科研整体效果的最大化。其次，人才结构的岗位分布不够合理。很大一部分领军型专家人才集中在高校和研究机构，主要从事尖端学术领域的理论研究，研究成果在学术界达到了世界一流水平，然而其科研成果的产业化难度很大、进程很慢。在生产科研一线的专家学者数量不多，导致这些高层次人才对南京科技创新的直接推动作用还不够明显。再次，科技人才队伍整体素质亟待提高。一方面是个人从事科研活动的能力和素质急需提高；另一方面是科学精神急需加强。近年来，科技队伍中学风不正的现象也越来越多，甚至出现了弄虚作假、剽窃他人成果等恶劣事件。缺乏科学精神、学风不正不但影响我国的整体科技水平，而且对科技队伍的建设也将产生严重的不利影响。最后，技术人才短缺。这是大部分工业企业在创新方面面临的主要障碍，特别是大中型制造业企业。据了解，企业缺少的技术人才，主要指的是从事研发工作的海内外专家、学科带头人、技术创新与产品开发领军人物和熟练的技术工人，除此之外，由于一些企业受创新发展条件的限制，较难留住高技能人才。

三　缺少创新交流与扩散的通道

第一，科技服务业整体规模较小，创新支撑能力薄弱。从现有数据上看，尽管近些年南京的科技服务业发展迅速，但是与上海、北京、广州等先进的城市相比，南京的科技服务业总量规模还较小。2011 年，南京市科技服务业总收入为 178.0 亿元，同比提高 63.1%，而北京市科技服务业总收入已达到 941.1 亿元（2010 年），南京的科技服务业仅为北京的 18.9%。在副省级城市中，南京的科技服务业发展也相对滞后，2010 年广州市科技服务业产值为 212.9 亿元，南京与广州相比存在较大的差距。从科技活动从业人员的数量上看，南京的科技服务业从业人员与其他城市相比差距较大。几座城市中科技活动人员数最多的是北京市，已经达到了 53 万余人，上海也有 33 万余人，广州、杭州等城市的从业人员数据也大大超过南京。

第二，科技服务机构专业化服务水平和竞争力有待提升。南京科技服务业缺乏统一的行业规范，适应市场需求、真正能够为创新创业提供全方位服务的高水平专业科技中介机构还很缺乏，专业化服务水平有待提升。由于缺少科技中介机构对相关政策的解读和宣讲，再加上相关政策比较分散，界定口径不一，很多企业对扶持政策不了解，不能准确利用本企业可享受的政策，很多企业因政策申请流程烦琐而放弃申请相关政策。南京知识产权管理体系仍不够完善，知识产权保护力度尚显不足，在知识产权的申请、应用、推广服务及监控等知识产权管理体系方面尚有进一步完善的空间。

第四节　南京城市创新系统的优化对策

一　完善创新风险防范的制度

城市创新系统中创新目标风险的防范可以从目标的定位和目标的协调两个方面进行。在目标的定位方面，要明确创新政策的作用范围，并采用科学的方法进行目标的定位。李泊溪在《产业政策与各国经济》一书中总结出："产业政策只对那些所得弹性值高，生产效率好，在国际贸易上有发展前途的产业有明显效果，而对其他产业则非如此。"在目标的协调方面，要协调好创新活动参与者的创新投入与收益分配关系，确保参与者的积极性，从而保证得到预期的创新绩效。

在合作前充分考虑各参与方的收益、风险，并通过制度创新予以约束，建立起良好的信任关系，从而降低交易成本、提高合作的成功率，以降低合作风险。在创新项目实施前明确参与各方的财务投入需求，采用科学的方法进行准确的评估，并根据合同进行有效的约束。当合作项目出现资金周转不灵而引发财务危机时，合作各方应尽快达成协议，确保合作项目的顺利实施。市场环境变幻莫测，市场竞争十分激烈，市场需求瞬息万变，合作项目的成果是否具有竞争优势，在合作之初不可能完全预见到。即使其产品具有竞争优势，合作体的市场营销体系是否与产品销售的需求相匹配也具有不确定性。因此，需要通过系统、科学的市场调查与预测，并采用科学的营销管理，确保创新成果能够满足市场的需要，将市场风险降至最低。

城市创新系统道德风险的防范，首先要慎重地选择合作伙伴。诚信其实是发生在"人"这样的个体之间的一种现象。一个组织不能相信另一个组织，只有人与人之间才能彼此信任。创新活动领导人的诚实和正直是首先需要考虑的因素。创新活动实施过程中，在选择合作对象时首先要对组织成员，尤其是组织的领导者的诚信进行评价，确保创新活动参与者的诚信。其次要建立一套规范的机制。这套机制的重点是：提高机会成本和增加合作收益。提高机会成本可以通过增加创新活动参与者的沉没成本以提高退出壁垒，通过保护性契约来阻止机会主义行为，从而提高对其他成员行为的信任度。增加合作收益也就是提高创新活动的参与者在合作博弈中选择诚信战略时所获得的支付，"诱使"创新活动的参与者选择诚信而不进行其他机会主义活动。

二　建设有利于形成创新人才队伍的制度

要重视自主创新人才队伍的开发与管理。南京高校和研发机构林立，科技人才丰富。但是，南京人才竞争力仅处于全国 50 个城市的中等水平，人才利用效率不高。一方面，通过政府科技计划的重点支持培养优秀的专业人才，如继续发挥"科技九条"作用以打造一支优秀的年轻专业人才队伍，通过学科带头人计划的实施培养一批领军型的科技人才，通过与重大科技项目实施相结合以培养一批面向需求、面向市场、面向未来的优秀企业家和高层次、实践型工程技术人才，等等；另一方面，通过政策和环境创新，吸引和留住国内外优秀人才。与此同时，要形成宽容失败的氛围。创新的过程带有巨大的风险，对失败创新的宽容则是对有关人员很大的激励。

南京是我国重要的科教基地，知识创新人才丰富，并且源源不断地向产业界输送了大量的优秀人才。但是，与发达地区相比，南京城市创新系统的科技人才无论在数量上还是在整体素质上都不能满足产业发展的需要。南京发明专利少、重大科技创新成果少，优秀的科技人才外流现象严重。此外，南京城市创新系统中的大量优秀人才分布在高校和研发机构，企业的科技创新人才，尤其是高素质的人才十分不足。因此，应加强企业科技人才培养的力度，引导高校、研发机构的优秀科技人才服务于企业的创新创业，提高企业科技创新人才的能力和结构水平。具体地说，要通过政府科技计划项目的实施，向企业科技人才倾斜、给企业优秀科技人才提供更多的深造和科技交流的机会，优化科技人才的配置、合理使用科技资源、建立良好的科技人才激励机制，实现科技人才队伍整体数量、素质的不断提高，使得南京科技人才队伍由总量优势向结构优势转变。

三　建立城市创新系统科技信息共享平台

城市创新系统科技信息共享平台是一个由政府、企业、个人、社会多方面的创新资源要素集成在一起搭建的综合体，并且以信息平台为载体予以实现。

城市创新系统科技信息共享平台的信息来源于地方政府和社会组织的科技活动，这些科技信息既包括仪器、装备、产品、文献等科技资源，技术、专利、著作权等科技成果，科技人才、管理人才、科技服务人才等展现的科技能力，技术中心、工程中心、实验室、生产力促进中心等构成的创新组织，也包括科学技术知识、科技服务、科技创新能力等。

城市创新系统科技信息共享平台建设和管理的主体是政府。在信息共享平台建设初期，主要由政府提供平台建设所需的人、财、物等基础资源，并成立专门的组织架构进行管理，促使平台能顺利运营。政府的支持和组织管理决定了共享平台的形成和发展。

城市创新系统科技信息共享平台是一个高度开放的集成场，将分散在社会的各个角落的科技装备、科技仪器、科技成果、科技文献、科技人才等科技资源，通过信息平台提供的服务信息，把资源供给与客户需求对接起来。显然，共享平台中的资源是没有明确的边界的，它通过自我更新机制不断纳入新的资源，并将落后的资源淘汰出去。

参考文献

Casper, Steven, Karamanos, Anastasios, Commericalizing Science in Europe: The Cambridge Biotechnology Cluster [J], European Planning Studies,2003, 11 (7): 805 – 822.

Chandler, Alfred, D. Jr. , Scale and Scope: the Dynamics of Industry Capitalism [M], Cambridge: Mass Belknap Press, 1990.

Cooke, Philip, Biotechnology Clusters in the U. K. : Lessons from Localisation in the Commercialisation of Science [J], Small Business Economics, 2001, 17: 43 – 59.

Dolata, U. , Technological Innovations and Sectoral Change, Research Policy, 2009 (38): 1066 – 1076.

Feldman, Maryann P. Francis, Johanna L. , Fortune Favours the Prepared Region: The Case of Entrepreneurship and the Capitol Region Biotechnology Cluster[J],European Planning Studies, 2003, 11 (7): 765 – 788.

Gary, P. , Pisano and Roberto Verganti, Which Kind of Collaboration Is Right for You? Harvard Business Review, 2008.

Gu, S. L. , Lundvall, B. , Malerba, F. , Serger, S. , China's System and Vision of Innovation, Industry & Innovation, 2009, 16 (4 – 5): 369 – 388.

Hagedoorn, J. , Duysters, G. , Learning in Dynamic inter – firm Networks, the Efficacy of Quasi – Redundant Contacts [J], Organization Studies, 2002, 23 (4): 525 – 548.

Henry W. Chesbrough, Open Innovation, Perseus Press, 2006.

Jason Owen – Smith, Walter W. Powell, Knowledge Networks as Channels and Conduits: The Effects of Spillovers in the Boston Biotechnology Community [J], Organization Science, 2004, 15 (1): 5 –21.

Kean Birch, Alliance – Driven Governance: Applying a Global Commodity Chains Approach to the U. K. Biotechnology Industry [J], Economic Geography, 2008, 84 (1): 83 – 103.

Robert W. Rycroft, Does Cooperation Absorb Complexity? Innovation Networks and the Speed and Spread of Complex Technological Innovation [J], Technological Forecasting & Social Change, 2007 (74): 565 – 578.

Rothwell, R., Successful Industrial Innovation: Critical Factors for the 1990s [J], R&D Management, 1992, 22 (3): 221 –239.

Teece, David, Profiting from Technological Innovation: Implications for Integration Collaboration Licensing and Public Policy [J], Research Policy, 1986, 15 (6): 185 –219.

Steinle, C. and Schiel, H., When Do Industries Clusters? A Proposal on How to Assess an Industry's Propensity to Concentration at a Single Region or Nation [J], Research Policy, 2002 (31): 849 –858.

Valdis Krebs, June Holley, Building Smart Communities Thhrough Network Weaving [K], http://www. orgnet. com, 2002.

Vittorio Chiesa, Davide Chiaroni, Industrial Cluster in Biotechnology – Driving Forces, Dvelopment Processes and Management Practices [M], London: Imperial College Press, 2005.

臧磊、杨山、周蕾:《南京都市圈产业效率演化及空间差异分析》,《世界地理研究》2013 年第 3 期。

刘玮辰、陆玉麒、徐旳:《南京都市圈空间相互作用时空演变分析》,《人文地理》2017 年第 2 期。

杜张颖、陈松林:《南京都市圈经济发展时空分异与空间结构分析》,《福建师范大学学报》(自然科学版)2019 年第 2 期。

徐超华:《政府部门间协调机制问题研究》,《四川教育学院学报》2009 年第 11 期。

张波:《人才体制改革推进过程中的问题与对策——基于内地人才特区

发展战略的实证分析》,《当代经济管理》2016 年第 12 期。

赵永乐:《放权松绑是人才发展体制机制改革的核心》,《群众》2016 年
　　第 7 期。

赵永乐:《人才管理政府与市场关系研究》,《国家行政学院学报》2016
　　年第 3 期。

林新奇:《构建完善的"引育用留"人才制度体系,不仅要"引才",
　　还要"育才""用才""留才"》,《人民论坛》2018 年 5 月(下)。

赵永乐:《解放人才须先厘清政府与市场关系》,《光明日报》2016 年 7
　　月 5 日。

卞克文:《重点突破　构建充满活力的人才体制机制》,《当代广西》
　　2016 年第 22 期。

陈辉:《破除体制机制性障碍　激活黑龙江人才发展动力》,《奋斗》
　　2017 年第 9 期。

陈希:《建立集聚人才的体制机制》,《中国人才》2014 年第 1 期。

程芳等:《中国人力资本与经济增长的相关性》,《科技进步与对策》
　　2002 年第 10 期。

张佳:《大卫哈维的空间正义思想探析》,《北京大学学报》(哲学社会
　　科学版) 2015 年第 1 期。

方创琳、刘海燕:《快速城市化进程中的区域剥夺行为与调控路径》,
　　《地理学报》2007 年第 8 期。

李小建主编:《经济地理学》,高等教育出版社 2008 年版。

王昱、丁四保、王荣成:《"空间剥夺"与县域经济发展问题——以吉
　　林省中部地区为例》,《人文地理》2007 年第 5 期。

高军波、刘彦随、乔伟峰:《中国典型农区县域社会不平等空间模式与
　　地域差异》,《地理研究》2016 年第 5 期。

宋永永、薛东前等:《陕北能源开发区县域社会剥夺的空间差异与形成
　　机制》,《地理与地理信息科学》2019 年第 1 期。

马永红、朱良森:《单核城市系统中心城市空间剥夺效应研究》,《管理
　　科学》2014 年第 6 期。

马洁、狄乾斌:《空间剥夺视角下辽宁省城市经济联系研究》,《生产力

研究》2018 年第 11 期。

申志永、袁素娟、崔曦萍：《京津冀区域人才合作的动力机制分析》，《人力资源开发》2014 年第 2 期。

申志永：《京津冀区域人才合作的现实困境与机制重构》，《河北联合大学学报》（社会科学版）2014 年第 5 期。

徐俊才、谢长虹：《加强区域人才合作　服务中原经济建设——河南省区域人才开发与合作发展的调查思考》，《人力资源开发》2014 年第 11 期。

李春淼：《对区域人才合作及其机制创新的思考》，《中国人才》2009 年第 8 期。

陈玉山：《基于动态博弈下的区域间人才合作分析》，《技术经济与管理研究》2015 年第 2 期。

周爱军：《京津冀区域人才合作的制度经济学分析》，《经济论坛》2013 年第 12 期。

陈全明、程贤文：《区域人才合作、自主创新与中部崛起》，《中国人力资源开发》2008 年第 6 期。

孙寅生：《构建基于创新驱动发展的人才机制》，《河南工程学院学报》（社会科学版）2017 年第 12 期。

杨璐瑶、张向前：《我国"十三五"适应创新驱动的科技人才发展机制的制度分析》，《科技管理研究》2016 年第 7 期。

鲍志伦、陈伟：《建立集聚人才体制机制问题的思考》，《科技管理研究》2016 年第 7 期。

胡威：《我国地方政府人才政策创新动因研究——基于北京、上海和浙江的分析》，《行政论坛》2018 年第 1 期。

黄怡淳：《北上广深四市人才政策对比分析及广州市人才政策建议》，《科技管理研究》2017 年第 10 期。

龙勇、漆东、龙健：《战略联盟中的诚信机制》，《工业技术经济》2004 年第 6 期。

刘楠：《基于合作创新的道德风险及对策研究》，硕士学位论文，西安电子科技大学，2006 年。

王飞：《生物医药创新网络演化机制研究——以上海张江为例》，《科研管理》2012 年第 2 期。

王飞：《生物医药创新网络的合作驱动机制研究》，《南京社会科学》2012 年第 1 期。

王飞：《中美生物医药创新网络演化的理论与实践》，经济科学出版社2014 年版。

王飞：《复杂网络视角下生物医药创新网络结构分析》，《南京社会科学》2011 年第 1 期。

王飞：《英国发展低碳经济的若干经验》，《生态经济》2010 年第 4 期。

王飞：《南京市生物医药产业发展及制约因素分析》，《全国商情》2010年第 1 期。

曾刚：《集群创新与高新区转型》，科学出版社 2009 年版。

刘曙光等：《区域创新系统的研究及启示》，《西安电子科技大学学报》（社会科学版）2002 年第 3 期。

罗利元等：《网络是创新的有效载体——中关村区域创新网络分析》，《未来与发展》1999 年第 2 期。

王缉慈等：《创新的空间——企业集群与区域发展》，北京大学出版社2001 年版。

王铁鸣、曾娟：《城市创新体系建设的思考》，《科技进步与对策》2007年第 10 期。

张德平：《建立城市技术创新体系　促进区域经济发展》，《吉林大学社会科学学报》2001 年第 41 卷第 5 期。

赵黎明、冷晓明等：《城市创新系统》，天津大学出版社 2002 年版。

孔欣欣：《部门创新体系：一个影响当今产业创新政策的重要概念》，《科学学与科学技术管理》2008 年第 2 期。

李锐等：《产业创新系统的自组织进化机制及动力模型》，《中国软科学》2009 年第 1 期。

苏楠：《基于社会网路分析方法的我国创新系统演进研究》，《科学学与科学技术管理》2010 年第 32 卷第 4 期。

赵继军、胡兆霞：《城市创新系统的结构和演化》，《科学学与科学技术管理》2010 年第 1 期。

蔡宁、吴结兵：《产业集群的网络式创新能力及其集体学习机制》，《科研管理》2003 年第 4 期。

赵林捷：《企业创新网络中组织学习研究》，博士学位论文，中国科学技术大学，2007 年。

赵黎明、李振华：《城市创新系统的动力学机制研究》，《科学学研究》2003 年第 1 期。

张省、顾新：《城市创新系统动力机制研究》，《科技进步与对策》2012 年第 5 期。

陈劲：《技术创新的系统观与系统框架》，《管理科学学报》1999 年第 2 卷第 3 期。

丁堃：《开放式自主创新系统及其应用》，科学出版社 2010 年版。

范柏乃：《城市技术创新透视》，机械工业出版社 2003 年版。

诺思：《制度、制度变迁与经济绩效》，生活·读书·新知三联书店 1994 年版。

李泊溪、钱志深：《产业政策与各国经济》，知识出版社 1990 年版。

刘楠：《基于合作创新的道德风险与对策研究》硕士学位论文，西安电子科技大学，2006 年。